EDAF

MADRID - MÉXICO - BUENOS AIRES - SAN JUAN

KWAN LAU

FENG SHUI

Reordene su entorno para la salud y el bienestar

BOLSILLO ✦ EDAF

Título del original:
FENG SHUI TODAY

© De la traducción: ELÍAS SARHAN.
© 1996. Weatherhill. Inc. New York & Tokio First edition.
© 1998. De esta edición, Editorial EDAF, S.A., por acuerdo con
   WEATHERHILL, Inc., Nueva York (USA).

Editorial EDAF, S. A.
Jorge Juan, 30. 28001 Madrid
http://www.edaf.net
edaf@edaf.net

Edaf y Morales, S. A.
Oriente, 180, nº 279. Colonia Moctezuma, 2da. Sec.
C. P. 15530. México, D. F.
http://www.edaf-y-morales.com.mx
edaf@edaf-y-morales.com.mx

Edaf del Plata, S. A.
Chile, 222
1227 - Buenos Aires, Argentina.
edaf1@speedy.com.ar

Edaf Antillas, Inc.
Av. J.T. Piñero, 1594 - Caparra Terrace (00921-1413)
San Juan, Puerto Rico
antillas@edaf.net

11.ª edición, mayo 2003

Depósito legal: M. 22.607-2003
ISBN: 84-414-0286-8

PRINTED IN SPAIN   IMPRESO EN ESPAÑA

Closas-Orcoyen, S.L. Pol. Ind. Igarsa - Paracuellos de Jarama (Madrid)

Índice

Agradecimientos

EN LA PREPARACIÓN DE ESTE LIBRO recibí mucha ayuda y ánimos generosos de mis amigos, y en especial del personal de Weatherhill. Sinceramente aprecio la paciencia, el tiempo y la amabilidad que me brindaron David Noble, Steven Feldman y Martin Fromm al corregir los diversos errores gramaticales y ortográficos, sumados a los demás consejos editoriales valiosos que me dieron. Me gustaría manifestar mi más profundo agradecimiento a Doris Liang, Ray Furse, Charles L. Richard, al doctor John Fong, al profesor Lars Bergland, a Fong Chow, a mis dos hermanas y a mis padres y amigos por su continuo apoyo moral. Y por último, debo darle las gracias a mi difunto abuelo, Lau Baifu (1877-1941), quien transmitió su conocimiento y comprensión de este arte especial a mi familia.

Primera parte

Fundamentos del feng shui

1
El arte de la distribución armoniosa

SEGÚN LOS ANTIGUOS CHINOS, la posición y la orientación en el espacio son de la máxima importancia. La ubicación de nuestra residencia, lugar de trabajo y los objetos y posesiones con que nos rodeamos, pueden afectar nuestra actitud e incluso nuestra psique. El folclor y la mitología chinos nos enseñan que esas influencias conforman el comportamiento y la perspectiva de una persona hacia lo positivo o lo negativo, lo favorable y lo desfavorable, lo armonioso o lo perjudicial.

Este libro se ocupa del arte popular chino, llamado *feng shui*, de distribuir los objetos para fomentar la armonía y la buena suerte. Este conocimiento antiguo nos capacita para buscar la paz y para un crecimiento nuevo a través de nuestra relación con los objetos que

nos rodean, situándolos de modo que la gente
(Hombre), el entorno (Tierra) y el espíritu
(Cielo) formen una alianza armoniosa para el
progreso. Existen ideas similares en la tradición occidental a las que a veces se llama «geo-
mancia».

El vocablo chino *feng* significa viento, y
shui agua. La frase «viento y agua» simboliza
«el viento ascendiendo a la cima de una montaña» y «el agua subiendo hasta su cumbre»,
que unidos orientan las actitudes y los actos de
una persona hacia el éxito. Los orígenes del
feng shui se encuentran en la astronomía antigua, el conocimiento geográfico, la sabiduría
popular china, la cosmología y la filosofía daoístas y el sistema de adivinación del Yijing (el
texto clásico chino también conocido como
I Ching, o *Libro del Cambio*). Los chinos antiguos entendían bien estas cuestiones. Su larga
historia y experiencia cultural acumulada les
proporcionó una tradición popular y una espi-
ritualidad únicas que aceptaban y apreciaban
dicho conocimiento. Estos ingredientes especiales generaron el concepto fundamental del
feng shui de que la distribución de los objetos
en posiciones favorables haría que las miste-
riosas fuerzas celestiales se alinearan con la
gente o las cosas en la Tierra, aportando buena
suerte a los practicantes inteligentes de este
arte.

Los antiguos chinos también creían que la armonía y el equilibrio en la vida le llegan al individuo de fuentes tanto internas («Antes del Cielo», que significa la dote natural de uno) como externas («Después del Cielo», o las condiciones cambiantes del entorno personal), y razonaron que esas influencias podían aumentar o disminuir las posibilidades para tener éxito en la vida. Sin embargo, nada está garantizado para siempre, y los lectores no deberían creer ciegamente en la forma de arte del *feng shui* como una verdad absoluta. En realidad, es más como un escenario artístico, que nos proporciona una plataforma potenciada sobre la cual interpretar el acto de la «mente sobre la materia» para superar los obstáculos diarios. Más que cualquier otra cosa, su objetivo es crear un entorno positivo y favorable en el que una persona pueda vivir en armonía en el hogar y el trabajo.

Por tradición, un experto practicante chino del *feng shui* es también un astrólogo competente y un experto en la adivinación del Yijing, ya que estas tres artes están interrelacionadas y comparten raíces similares. El arte multifacético del *feng shui* integra todas estas ramas del antiguo conocimiento popular. También es importante saber que en el *feng shui* hay niveles diferentes de percepción; el espiritual y el intelectual deben estar presentes. Al escoger a un practicante hay que tener cuidado de elegir a alguien con integridad y elevados valores morales, con el fin de evitar «manzanas podridas» y, así, un mal karma. Use su propio instinto y buen juicio antes de solicitar consejo a un experto; primero verifique las cosas y observe con atención. Como todos sabemos, los libros, incluyendo éste, sólo versan sobre teorías, pensamientos y métodos. Éstos son los aspectos intelectuales del *feng shui*, mientras que la igualmente importante dimensión espiritual es difícil de demostrar en palabras, y todavía más ardua de percibir. Tales aspectos se encuentran más allá del alcance de mi libro.

El arte del *feng shui* se ha ejercido en China y en otros países asiáticos durante siglos, y prácticas similares eran conocidas para los antiguos egipcios, griegos, romanos, árabes, hindúes y las poblaciones nativas de América del Norte y del Sur. No espere convertirse en un experto de la noche a la mañana. Pero obtener un poco de conocimiento de estas artes, incluso a nivel de principiante, le puede ahorrar las complicaciones y los gastos innecesarios de buscar a un experto.

El conocimiento del *feng shui* chino tradicional (en todas sus muchas y variadas escuelas), por lo general, se transmite de una generación a otra, bien mediante una relación de maestro-discípulo, o bien a través de linajes familiares. Se trata de un asunto serio, y los maestros de este arte son agudamente conscientes de la necesidad de una selección correcta de discípulos. Alguien que carezca de la sensibilidad adecuada no puede ser un verdadero heredero, sino sólo un entusiasta informado. Después de todo, no se trata de un arte destinado a todo el mundo. De hecho, algunos maestros han muerto sin pasarle su conocimiento a ningún sucesor, y ello porque no tenían disponible un heredero apropiado. Por el mismo motivo, si el maestro se corrompe, entonces su arte y práctica pueden volverse «espiritualmente desconectados». Esa persona podría ser muy peligrosa, para sí misma y para otra gente.

Los maestros tradicionales del *feng shui* están entrenados tanto en el *feng shui* exterior como en el interior, que es el núcleo de este libro. Dedican mucho tiempo a viajar por el campo y por los pueblos y las ciudades, aprendiendo a seleccionar buenos emplazamientos y a evitar los malos. Una brújula y un buen par de zapatos de marcha resultan buenos compañeros en esos viajes, mientras que un amplio conocimiento de teoría del *feng shui*, mitología, creencias populares, formas y rasgos geográficos, fuentes de agua, vientos reinantes, astrología, el *Yijing* y los diferentes tipos de usos que se les da a los emplazamientos (religiosos, residenciales, institucionales, y así sucesivamente) son esenciales para enriquecer esta clase de experiencia de campo. El *feng shui* interior que estudiaremos aquí se basa en los mismos principios y prácticas, ¡pero debería ser menos agotador!

Los lectores deberían saber que no necesitan comprar una brújula tradicional de *feng shui* (figura 1), ya que son caras y muy confusas incluso para los que saben chino. No obstante, resulta interesante e instructivo tener una idea básica de su objetivo y empleo. Ello se debe a que la brújula tradicional china es tanto una herramienta como un diccionario portátil, diseñada especialmente para proporcionar todo tipo de información a las diferentes escuelas de *feng shui* y a sus practicantes.

Por lo general, una brújula china de *feng shui* está hecha con madera de boj, muy dura y resistente, y tiene forma circular, con un diámetro que va de 15 a 20 centímetros. A veces una brújula china antigua se puede fabricar con materiales exóticos, como el marfil o cuerno de animal, pero las modernas a menudo son de plástico. En el centro hay empotrada una brújula pequeña de metal con un indicador magnético con una mitad pintada de rojo (que indica el sur) y una mitad de negro (que indica el norte). Rodeándolo hay franjas concéntricas de información de *feng shui* inscritas

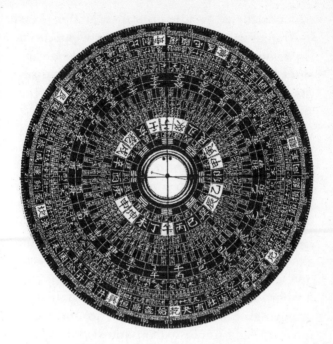

FIGURA 1.   *Una brújula de feng shui*

en negro y rojo. Las brújulas chinas tradicionales pueden tener seis, nueve, doce o más franjas concéntricas de información, dependiendo de la escuela o método del practicante particular. De suma importancia son las demarcaciones de los 360 grados básicos, distribuidas a su vez en veinticuatro sectores de dirección (por lo general conocidos como las veinticuatro montañas), y los ocho puntos cardinales, representados por los *bagua*, los ocho trigramas básicos de la adivinación en el *Yijing*. En las franjas de información, que corresponden a los diversos sectores de información de la cara de la brújula, también se incluyen: dos sistemas númericos chinos antiguos, Los Diez Tallos Celestiales y las Doce Ramas Terrenales, que se usan en combinación para contar el tiempo (horas, días, meses y años); los Cinco Elementos, y las veintiocho constelaciones o los pabellones estelares que reconoce la astrología china.

Para este libro y el método de las Nueve Estrellas para el análisis del *feng shui* que vamos a aprender a usar, resulta innecesaria una compleja brújula tradicional: bastará con una brújula barata y convencional de estilo occidental. Ello es debido a que lo único que nos hará falta son los ocho puntos cardinales y los diversos grados para determinar las posiciones de los diferentes sectores de dirección. Algunas escuelas tradicionales de *feng shui* chino reciben a veces el nombre de «Escuelas Brújula», mientras que a otras se las llama «Escuelas de Distribución», pero en realidad todas ellas, sean Brújula o de Distribución, deben determinar los puntos cardinales y las posiciones, y todas comparten reglas similares para colocar cosas como muebles y decoraciones, o elementos arquitectónicos como puertas y ventanas. De hecho, los nombres «Escuela

Brújula» y «Escuela de Distribución» son en sí mismos designaciones creadas por los practicantes modernos. En realidad el término «Escuela de Distribución» alude a los practicantes que dependen únicamente de la distribución de objetos y cosas, que a menudo no emplean una brújula o métodos de *feng shui* reconocidos por la tradición. Esto es debido a que aprender cualquiera de las escuelas tradicionales antiguas de *feng shui* requiere no sólo tiempo, paciencia y comprensión, sino también obtener la aceptación de un maestro, lo cual no resulta fácil. En cualquier caso, existen ambos tipos de escuela, y cada una tiene sus propios seguidores y público.

2
Una breve historia del *feng shui*

EL *FENG SHUI* comparte su desarrollo histórico con la astrología y la adivinación chinas. Se remonta a tiempos mitológicos, aunque ningún dato histórico fidedigno nos revela cuándo y quién lo concibió por primera vez. No obstante, su íntima asociación con la antigua piedra imán china ha llevado a algunos a pensar que tal vez ya existiera cuando se inventó la brújula, logro que tradicionalmente se acredita al Emperador Amarillo, el gran héroe-sacerdote-monarca legendario de la antigua China, quien se supone que vivió alrededor del 2700 a. C. No hay pruebas históricas para esta atribución, pero una cosa es segura: el uso de la brújula en la China es muy remoto.

Existen pocos registros históricos antiguos sobre el *feng shui*, pero las excavaciones arqueo-

lógicas durante los últimos ocho años en China
han descubierto de manera esporádica registros que datan de los siglos III o IV a. C., con
referencias indirectas e información fragmen-
taria relacionada con él. Algunos expertos
creen que el conocimiento y su práctica tal vez
se formularan durante los periodos de Primavera y Otoño o de los Reinos Combatientes
(770-221 a. C.), cuando la adivinación por el
Yijing, la teoría *yin-yang* y el pensamiento cosmológico basado en los Cinco Elementos se
elaboraron y escribieron por primera vez. Ello
es posible, porque el *feng shui* está muy relacionado con dichos sistemas, en especial con el
Yijing, supuestamente compilado alrededor del
600 a. C. por Laozi, el legendario fundador del
Daoísmo. Pero aparte de estas pruebas y especu-
laciones fragmentarias, hay poca información
de fiar relacionada con el *feng shui* y su primer
desarrollo. Con algo de suerte, las futuras excavaciones en China arrojarán más luz sobre el
asunto.

No es hasta comienzos de la dinastía Han
cuando aparece el nombre de un conocido eru-
dito y estratega militar, Zhang Liang (230?-185
a. C.) en los registros históricos como un practicante del *feng shui*. Según la leyenda, recibió
ese conocimiento de un sacerdote daoísta llamado Chi Songzi (Maestro del Pino Rojo).
Algunos dicen que Zhang también fue discípu-

lo de otro adepto famoso conocido como Huang Shigong, o Maestro de la Piedra Amarilla. Tradicionalmente se considera tanto a Pino Rojo como a Piedra Amarilla los padres fundadores del *feng shui* en la antigua China (aunque los historiadores tal vez lo cuestionen, pues creen que el *feng shui* es una tradición mucho más antigua).

El Maestro del Pino Rojo tiene una importancia especial para nosotros en este libro. Por lo general se lo considera el inventor o proponente del Método de las Nueve Estrellas, las Ocho Entradas y la Combinación de los *Bagua* del *feng shui* y que pronto pasaremos a discutir y a aprender. Las Nueve Estrellas aluden a las siete estrellas en la constelación conocida en Occidente como Osa Mayor (Ursa Major), más dos espíritus estelares imaginarios. Las Ocho Entradas se refieren a los ocho puntos principales de la brújula, y los *bagua* son los ocho trigramas básicos que emplea la adivinación del *Yijing* (que se discutirán con mayor detalle en la Sección II).

Durante el periodo de los Tres Reinos, otro estratega y genio militar famoso, Zhu Geliang (181-234 d. C.), también conocido como Kongming, apareció en la historia china. Desplegó una formación táctica basada en los *bagua* para atrapar y destruir a sus enemigos, el ejército de Wei. Kongming era un gran maestro de la estrategia militar y del arte del *feng shui*, y se lo venera como fundador de su propia escuela.

La leyenda acredita a estos tres grandes maestros, Pino Rojo, Piedra Amarilla y Kongming, con la creación de los cimientos para todos los demás maestros del *feng shui* durante los siguientes dos mil años. Algunos creen que el Maestro de la Piedra Amarilla fue también la primera persona en introducir este arte en la cultura popular: como resultado de sus esfuerzos, el *feng shui* dejó de ser sólo una atesorada herramienta secreta usada por las minorías privilegiadas y sus poderosos reyes para gobernar al pueblo llano. Él inició la tradición de elegir a los discípulos con talento para que extendieran este conocimiento al público.

Durante comienzos del periodo Han (*c.* 200 antes de C.) un autor conocido por el nombre de Qing Niao (Pájaro Verde) escribió un tratado de tres tomos sobre la teoría del *feng shui* titulado *El Clásico del Pájaro Verde*. Otro maestro famoso, Guo Pu (276-324 d. C.) apareció durante el periodo de los Jin Occidentales. Es considerado el autor del legendario libro sobre el *feng shui* llamado *Zang Shu* (El Libro de los Entierros). Por desgracia, sólo nos han sido transmitidos los títulos de estas tempranas obras acerca del *feng shui*; los propios escritos hace tiempo que se han dispersado, perdido o

asimilado en otras obras. Las futuras excavaciones arqueológicas quizá desentierren partes
de esos documentos originales, pero en la
actualidad lo único que sobrevive son versiones posteriores, que con toda probabilidad se
remontan a la dinastía Song (960-1279 d. C.).
Incluso las reimpresiones modernas de esas
versiones son difíciles de conseguir, y están
escritas en una forma de chino clásico que
resulta muy complicado de entender.

En el siglo VII d. C. había numerosos escritos sobre el arte del *feng shui*. Pero tampoco
han sobrevivido muchos: lo que queda es un
puñado de títulos y unas pocas versiones posteriores debidas a escritores secundarios. Algunos consideran que la escasez de estos primeros registros escritos se debe en parte a la costumbre de transmitir la información a través
de la recitación oral y la memorización, al
igual que a la tradición de las enseñanzas
secretas transmitidas en códigos de palabras
de maestro a discípulo, un método que permi-
tía a los primeros mantener su práctica y conocimiento fuera de las manos de los eruditos
corrientes, los críticos y las minorías gober-
nantes. El *feng shui* era un arte clandestino que
escapó de la atención y el alcance de los expertos generales del arte y la historia chinos, que,
por lo general, lo han considerado como una
colección de folclor y superstición. Pero siem-

pre ha sobrevivido en el corazón y la mente del pueblo común.

El arte del *feng shui* alcanzó su apogeo durante la dinastía Tang (618-906 d. C.), cuando florecieron muchas escuelas y practicantes. Entre ellos figuraban ocho conocidos maestros: Yang Junsong, You Yanhan, Li Chunfeng, el maestro de Zen Yi Hang, el monje budista Shima Touto, Liu Baitou, Chen Yahe y Futu Hong, también budista. Entre estos maestros Tang, Yang Junsong (c. 650 d. C.) tuvo la influencia más prolongada y el mayor número de seguidores, y a través de él, al igual que de los demás, nos han llegado muchas escuelas distintas de *feng shui*.

El interés en el *feng shui* y en su práctica se renovó durante la dinastía Song (960-1279 d. C.), en la que aparecieron muchos grandes maestros más. Entre los maestros Song, los más conocidos son Wu Aixian (siglo XI d. C.) y sus discípulos, Liu Qiwan y You Gongliang. Wu Aixian fundó una escuela llamada los Treinta y Seis Meridianos, y escribió un tratado sobre formas de montañas para emplear en el emplazamiento de terrenos funerarios y edificios residenciales. De los maestros Liu y You surgieron varias ramas de práctica e interpretación del *feng shui* que se emplearon durante las dinastías Ming (1368-1643 d. C.) y Qing (1644-1911 d. C.).

Se dice que en la mitad del milenio que abarcaron las dinastías Tang y Song más de cien escuelas rivalizaron y se enfrentaron entre sí. Todas empezaron con los mismos y básicos conceptos y teorías mitológicos y cosmológicos, para los cuales luego desarrollaron interpretaciones diferentes, a medida que se especializaban o concentraban en determinados aspectos del *feng shui*. Más adelante algunas escuelas fueron absorbidas o asimiladas por otras. La siguiente es una lista de las siete escuelas principales reconocidas y aceptadas desde las dinastías Tang y Song, las cuales continúan influyendo en los practicantes actuales:

1. Método de las Nueve Estrellas, las Ocho Entradas y la Combinación de los *Bagua*.
2. Entradas Sorpresa y Jai de Escape.
3. Cinco Elementos Ortodoxos.
4. Montaña Doble, Tres Armonías, y Cinco Elementos.
5. *Bagua* y Cinco Elementos.
6. Vacío Profundo y Cinco Elementos.
7. Cinco Elementos Hongfen.

3
Teoría del *feng shui*

LA TEORIA DEL *feng shui* es cosmológica, y se basa en conceptos abstractos daoístas del Hombre y el Universo. Su objetivo es la unificación del Cielo, la Tierra, el Hombre y la Materia mediante la fuerza conocida como Esencia Suprema *(taiji)*.

Los chinos antiguos creían que cuando se establecía esa unidad, el *qi* (la fuerza vital) entraba y salía con suavidad de todas las cosas vivas y no vivas, cuyo resultado eran acontecimientos buenos y positivos. El bloqueo del *qi* producirá lo opuesto: mal y desgracia.

Esta teoría de la unión del Cielo, la Tierra y el Hombre es el núcleo del *feng shui*, del cual surgen muchos mitos e historias populares. Este gran esquema de pensamiento cosmológico abstracto se entremezcló luego con las creencias populares, cuando los antiguos chinos pretendieron explicar tanto las fuerzas visibles como invisibles de la Tierra y la influencia compleja y misteriosa de dichas fuerzas sobre el comportamiento humano. Enfrentarse a los acontecimientos impredecibles de la vida no era el objetivo principal que buscaban; lo que más los atrajo fue la búsqueda espiritual que servía para consolarlos en tiempos de tragedia y penurias. Para los chinos antiguos, la integración del hombre y la naturaleza (no la conquista de la naturaleza por el hombre) es una preparación verdadera y necesaria para el reino espiritual en el que el hombre y el universo puedan ser uno. Su sabiduría popular les enseñó la capacidad de aceptar lo inexplicable y, al mismo tiempo, establecer unos cimientos concretos en la vida para conseguir paz, esperanza y sueños de continuidad y prosperidad. Para los chinos esta actitud es importante, consoladora y práctica; es la mente sobre la materia, la voluntad para seguir hacia delante. Pero también está enraizada en la armonía entre el hombre y la naturaleza, que crea una sinfonía humanista de un tipo muy especial.

Los aspectos principales de la cosmología del *feng shui* se conciben en los siguientes términos:

El *Cielo* es un concepto que abarca dioses, espíritus, estrellas (tanto en su sentido astrológico como mitológico); tiempo (incluyendo el

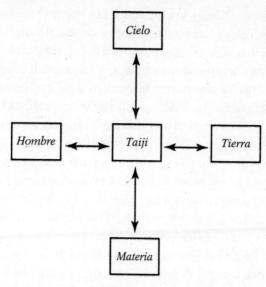

FIGURA 2.   *La matriz de la cosmología del* feng shui

ciclo de las estaciones y sus influencias); y todas las manifestaciones de los poderes y las fuerzas visibles e invisibles del cosmos. Con el Cielo también están asociadas las diversas técnicas de adivinación, numerología y otras formas de pronosticación.

La *Tierra* y la *Materia* son términos usados para describir todos los objetos y condiciones terrenales, tanto visibles como invisibles. Los entornos geográficos; la orientación, posición y ubicación; los Cinco Elementos; los poderes y las fuerzas de la naturaleza; el orden natural del equilibrio y el contraste; las influencias invisibles e interrelacionadas de las montañas, los ríos, los árboles, las rocas, los animales, la gente, las casas, los objetos, y así sucesivamente... todos son parte de los reinos de la Tierra y la Materia. También están incluidos elementos de lo sobrenatural, como los fantasmas y espíritus que coexisten con el hombre en esta Tierra. Las dimensiones de lo invisible no tienen tiempo, espacio ni límites cuantitativos. Los antiguos chinos creían que todos compartimos el mundo juntos, ya sea favorable, dañino, pacífico o perturbador.

El *Hombre* significa la mente y el espíritu humanos que deben unirse con el Cielo, la Tierra y la Materia para que se realicen la armonía y el equilibrio. Eso se puede conseguir mediante el establecimiento correcto de una alianza positiva entre todas las fuerzas de la naturaleza, permitiéndoles fluir suavemente y alimentar la vida.

El *taiji* y el *qi* son términos únicos en la cosmología china, y a menudo se traducen como Esencia Suprema y Fuerza Vital. Los antiguos chinos creían que el misterioso *taiji* es el origen del mismo universo, que contiene las fuerzas opuestas del *yin* y el *yang* que a su vez son la fuente de la fuerza activa, invisible y dadora de vida llamada *qi*. Como el *taiji* es la fuente esencial de esa fuerza vital, es mediante el *taiji* como todas las cosas pueden unirse en una sola.

El *qi* carece de forma o dimensión, pero a través de él todas las cosas en el universo se manifiestan en los reinos tanto de lo real (visible) como de lo irreal (invisible). La decadencia física es la disipación del *qi*, y la muerte física es su ausencia. Es un gran concepto abstracto de la unidad y la armonía de todas las cosas.

Por lo tanto, los chinos siempre han pensado que las personas deben proteger y nutrir el *qi* para garantizar su continuo crecimiento y fluidez. El daoísmo nos enseña que alimentar el *qi* interiormente puede complementar la salud y la longevidad. De manera similar, la protección del *qi* dentro de una casa conducirá a la paz y la armonía. Este concepto especial del *qi* y de su existencia penetra en todas las ramas del arte y la filosofía chinos, desde la poesía y la pintura hasta la acupuntura, las prácticas médicas, la medicina herbal, los ejercicios físicos, las artes marciales y el *feng shui*.

4

¿Qué es un centro *qi*?

COMO TODAS LAS COSAS EN EL UNIVERSO (vivas y no vivas) poseen *qi*, cualquier habitación de una casa o un edificio, vista como una reunión de materiales, tienen su *qi* único. En alguna parte dentro de cualquier cuarto hay una zona o centro muy sensible donde se concentra su *qi*. Se le llama un centro *qi*. Así como el *qi* de un ser vivo necesita protección, del mismo modo el centro *qi* de una habitación necesita atención y nutrición. En otras palabras, una casa es una especie de cosa viva dotada con *qi*, y posee sus propias características, orientaciones y buenas y malas asociaciones. La gente que vive en ella comparte su existencia con otras muchas cosas visibles e invisibles. El *feng shui* es un arte muy especial y generoso que acepta el hecho de que otras formas de energía —incluyendo espíritus y fantasmas— ocupan su lugar entre las muchas cosas que comparten nuestra existencia en la Tierra.

Por este motivo, saber cómo localizar el centro *qi* de un espacio es un paso muy importante. Todo empieza desde ese centro, que diversos maestros pueden tener formas un poco distintas de encontrar. Algunos profieren localizar el centro *qi* total de una casa con el fin de determinar posiciones buenas o malas. Otros prefieren un método de habitación en habitación, que es un enfoque más íntimo y detallado. Todos estos métodos distintos tienen sus propios seguidores y público, y cada uno tiene sus propias preferencias. En este libro emplearemos el método del análisis espacial de habitación en habitación.

Después de localizar el centro *qi*, aprenderemos el Método de las Nueve Estrellas, las Ocho Entradas y la Combinación de los *Bagua* para identificar las diversas posiciones buenas o malas dentro del espacio como una totalidad. Se trata de un método analítico muy antiguo, pero que es bueno para los fines modernos de diseño, ya que permite flexibilidad para aplicaciones específicas y pormenorizadas. Este método tradicional es bastante popular en el Lejano Oriente, donde muchos practicantes del *feng shui* aún lo usan. También es la tradición de mi familia, que nos fue transmitida por mi difunto abuelo Lau Baifu (1877-1941), quien era un experto y lo ejerció en Hong Kong hasta los comienzos de la II Guerra Mundial. Murió dos meses antes de que la colonia fuera ocupada por los japoneses y se ahorró la tristeza y los sufrimientos de la guerra. ¡Hemos bromeado sobre su perfecta sincronización!

5
Localizar el centro *qi*

CON EXPERIENCIA SE PUEDE LOCALIZAR visualmente el centro *qi*. Es posible adquirir esta experiencia mediante la práctica, del mismo modo que un buen carpintero reconoce la uniformidad o irregularidad de una pieza de madera examinándola y mirándola desde un extremo. Lo mismo se aplica a la contemplación y localización del centro *qi* de una habitación.

Es imprescindible una visita al lugar para inspeccionar y entender todos los entornos interiores y exteriores de un espacio. Esta visita puede incluir un avistamiento visual para localizar el centro *qi*, al igual que el uso de una brújula y el método de las Nueve Estrellas para localizar emplazamientos importantes. Mucho depende de la experiencia del practicante: algunos quizá necesiten realizar más de una visita para lograr todas esas tareas si se trata de un espacio y de un entorno complicados.

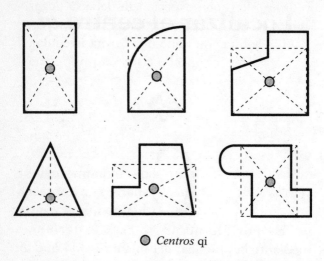

● *Centros* qi

FIGURA 3. *Un método simplificado para localizar centros* qi

Avistar el centro *qi* se puede conseguir situándose por turno en las esquinas diagonales opuestas de una habitación y estimando visualmente dónde la corta cada una de las líneas diagonales opuestas. El punto central común donde se cruzan y encuentran estas líneas es el centro *qi*... en otras palabras, el punto de convergencia de todas las líneas diagonales principales de los rincones de la habitación (véase *figura 3*). Requiere cierta práctica adquirir esta destreza visual. Los principiantes pueden ayudarse con el uso de un metro, o fijar el punto mediante dibujos. Estos métodos son útiles, pero con experiencia debería llegar al punto en que pueda arreglarse sin tales ayudas. Si la habitación tiene una forma irregular, hay que volver a concebirla como una forma geométrica simple como se muestra en la *figura 3.*

Éste es sólo un enfoque inicial hacia la localización del centro *qi*. Enriquecidos por largos años de práctica y gran experiencia, para hallarlo los practicantes y maestros avanzados usan el avistamiento visual en combinación con el avistamiento del aura y la percepción corporal. Una vez identificado el centro *qi*, se puede emplear la brújula y el método de las Nueve Estrellas para la orientación y el análisis de sector, tal como veremos en las secciones siguientes.

Es importante recordar que los antiguos chinos consideraban el centro *qi* como un punto abstracto metafóricamente equivalente al corazón físico de una persona viva. Se trata de una zona espiritual dentro de un cuarto que debe respetarse, protegerse y alimentarse. Cuando el centro *qi* se ve debilitado, perturbado o bloqueado, los espíritus malignos y las fuerzas invisibles pueden ejercer su influencia sobre la habitación, quebrando las cosas y provocando problemas, inquietudes y conflictos para las personas que vivan y trabajen en ella. Aquí entramos en el reino de lo sobrenatural, pero también puede servir como un tesoro de estímulo para pensar de modo creativo acerca de su propia vida y entorno.

6
Yin y yang

EL *yin* alude a las zonas tranquilas o inactivas de un cuarto sin puertas, entradas, ventanas o aberturas de ningún tipo. El *yang* representa las áreas activas de una habitación, las que tienen potencial de movimiento, como las puertas, entradas, aberturas y ventanas *(figura 4)*.

Por ejemplo, en un dormitorio es mejor colocar una cama en el lado *yin* o cerca de él. La posición más peligrosa sería debajo de las ventanas, donde las corrientes de aire frío pueden infiltrarse para producir enfermedades y dolores de cabeza. También se considera desfavorable demasiada luz solar o resplandor activos, de modo que las cortinas, persianas u otros artilugios pueden mitigar el lado *yang* de una habitación. El objetivo es mantener un buen equilibrio de lo activo e inactivo dentro de un cuarto. Tampoco es deseable situar una cama cerca de una puerta activa: una posición tan *yang* tendrá ruidos, aire frío y el canto duro de la puerta apuntando como el filo de un cuchillo hacia la cama, algo que discutiremos más adelante. La cama hay que colocarla dentro de la habitación en una posición *yin* tranquila y favorable.

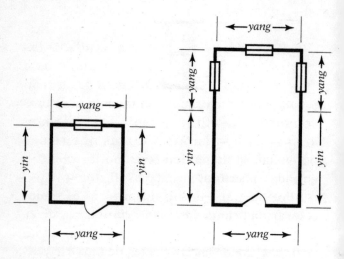

FIGURA 4.   *Los lados yin y yang de una habitación*

7
Los Cinco Elementos

EL PENSAMIENTO COS-MOLÓGICO DAOÍSTA clasifica todas las cosas en el universo en componentes de cinco elementos básicos: metal, madera, agua, fuego y tierra. Éstos pueden tanto complementarse como contrastar entre sí (véase *figura 5*). Cada objeto en una habitación es un compuesto de uno o más de estos elementos, y, por ende, puede distribuirse para alcanzar ciertos objetivos en el *feng shui*. Las cosas se pueden colocar a favor o en contra de sus elementos, haciendo que se neutralicen, equilibren o compensen entre sí y, de esa manera, afectar las actitudes de la persona que viva o trabaje allí.

Es bueno situar objetos donde se complementen mutuamente y potencien la armonía. Por ejemplo, según la teoría de los Cinco Elementos, no es inteligente colocar madera u

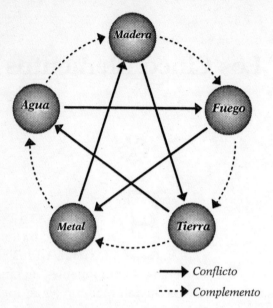

→ Conflicto
----▶ Complemento

FIGURA 5. *El Ciclo de los Cinco Elementos*

objetos de madera cerca de una cocina, ya que el metal entra en conflicto con la madera. Una silla de madera colocada directamente junto a una cocina de metal creará conflictos y peligro de fuego. Sin embargo, y como el metal y el agua son complementarios, es positivo situar una fuente de agua (una pila o una jofaina) entre la silla de madera y la cocina de metal. Ésta también tiene un elemento de fuego, que no coincide con el agua, pero este específico elemento de fuego está contenido dentro del metal, que separa el fuego del contacto directo con el agua y neutraliza el peligro. El elemento de fuego de la cocina también se puede encarar con el empleo de cuencos de cerámica y barro con propósitos culinarios, ya que los elementos del fuego y de la tierra son complementarios.

Es interesante apuntar que una cocina o un horno modernos, que en términos de *feng shui* es el fuego contenido dentro del metal, están inherentemente en conflicto consigo mismos. Los antiguos chinos usaban cocinas de barro o de ladrillo, y para cocinar también preferían cuencos de barro o de cerámica en vez de metal. En una cocina china moderna, equipada como las occidentales con cocinas y hornos de metal y con todo tipo de utensilios de metal, es muy popular establecer un altar para el «dios de la cocina». Se trata de una invitación para que resida en esa zona importante, para que sea su guardián y protector y se ocupe de forma benevolente de todas las actividades ajetreadas y potencialmente peligrosas que tienen lugar allí.

8

La mitología de las Cuatro Direcciones

Los antiguos chinos eran agricultores, y tenían gran respeto, temor y cuidado hacia las direcciones de las fuerzas y los acontecimientos que tocaban sus vidas. En ellos se incluía el amanecer (este), la puesta de sol (oeste), los vientos fríos (norte) y la cálida luz del sol (sur). También les afectaban los vientos de todo el año y otras influencias procedentes de los otros cuadrantes (NE, NO, SU y SO). Asimismo, los Cinco Elementos que acabamos de discutir estaban vinculados con los puntos de la brújula: el norte es el dominio del agua, el sur del fuego, el este de la madera y el oeste del metal. La Tierra ocupa el centro, rodeada de las demás direcciones y elementos.

A lo largo de los siglos se ha desarrollado una vasta mitología y folclor alrededor del tema de los cuatro puntos cardinales y los fenómenos cosmológicos asociados con ellos *(figura 6)*.

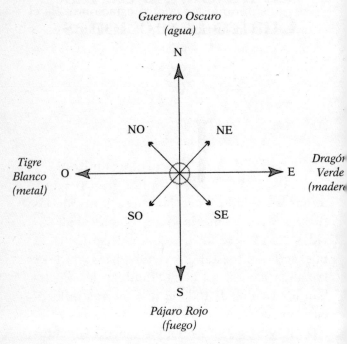

FIGURA 6.   *Las Cuatro Direcciones con sus símbolos y elementos asociados*

Norte. Esta dirección es la sede del Guerrero Oscuro, Zhen Wu, quien lleva una túnica púrpura oscuro y tiene un cabello negro azabache largo. El norte simboliza el aspecto *yin* de las cosas, y su elemento es el agua.

Zhen Wu es el Señor del Norte y el Dios del Invierno. Ocupa el trono central y más prestigioso del cielo nocturno, la Estrella Polar, alrededor de la cual giran todas las constelaciones y estrellas durante las cuatro estaciones. Es el símbolo de la justicia y de la sabiduría en el cielo nocturno, que señala la posición del norte verdadero. El Guerrero Oscuro tiene dos discípulos sabios y leales, la Serpiente (símbolo de la fertilidad) y la Tortuga (símbolo de la longevidad). Es el magistrado noble y el comandante supremo de todas las estrellas en su reino de la noche. Supervisa los fríos y gélidos vientos septentrionales de invierno que soplan por las praderas mongolas para congelar y detener todas las actividades de crecimiento y provocan la enfermedad y la miseria en la gente. También posee el poder definitivo de impulsar a los animales y criaturas feroces y salvajes a esconderse o a hibernar. Sin embargo, también es el buen rey que pone fin al invierno con el advenimiento de la primavera y su regeneración de la agricultura.

En el *feng shui* no se da la bienvenida a ningún tipo de abertura en la pared norte de una casa. En dirección al norte, es mejor tener una pared sólida y pesada, y colocar las entradas y ventanas hacia el sur para que reciban la cálida luz solar y neutralicen el inflexible aire frío procedente del norte. Las frecuentes acumulaciones de hielo y nieve en invierno son otro motivo para no orientar la entrada principal de una casa hacia el norte. En el interior de un hogar, protegida por las paredes exteriores sólidas, es aceptable una puerta septentrional que dé a una habitación o un dormitorio. En cuanto a las claraboyas del norte, es mejor montarlas en un techo con declive o en ángulo, ¡no directamente hacia el Guerrero Oscuro! Los que deseen añadir alguna calidez visual a la pared norte interior de una casa pueden colgar una decoración o un cuadro pintado de rojo, naranja o tonalidades cálidas con el fin de neutralizar esa posición fría. También es adecuada una chimenea en la pared norte.

Sur. Es el dominio del Pájaro Rojo, o Ave Fénix, también conocido como Pájaro de Fuego. En el folclor chino, el Fénix simboliza el género femenino. Pero en el *feng shui* representa la fuerza *yang*, el verano, el calor y la soleada dirección austral, y su elemento es el fuego. Los granjeros de China le dan la bienvenida al sol cálido para que dé buenas cosechas para la recogida de otoño; al mismo tiempo, temen al Pájaro Rojo porque la excesiva luz solar puede provocar sequías y dañar sus cosechas y tierras.

Tanto en el *feng shui* exterior como en el interior el sur es la dirección más auspiciosa.

Por lo general, las ciudades, los templos y otras estructuras importantes chinas amuralladas tradicionales se orientaban hacia el sur. La Ciudad Prohibida de Pekín se construyo sobre un preciso eje norte-sur, con todas las salas importantes orientadas al sur. Se levantó una muralla enorme para circundar todo el complejo, con las puertas principales que se abrían hacia el sur, y en su lado norte se colocaron colinas artificiales para evitar las influencias malignas procedentes de esa dirección.

Este. El Dragón Verde representa el este y también es símbolo de la primavera, cuando toda la naturaleza empieza a despertar y crecer. En el folclor chino el dragón es un animal majestuoso y propicio. Representa al emperador y en la cultura china también simboliza el género masculino. El elemento del Dragón Verde es la madera, complementaria del fuego pero en conflicto con la tierra y el metal. En el *feng shui* exterior a una cadena montañosa se la llama «dragón». En el *feng shui* interior, una pared sólida o un biombo alto ante una silla o una mesa colocadas en una posición especial a veces se considera de manera similar, y se ve como un repelente de elementos desfavorables.

En el *feng shui* exterior, si hay una montaña o colina pequeña detrás de una casa, se considera beneficioso tener una corriente o un río pasando por el lado este para que alimenten el lugar. Y el terreno en el lado este de la casa (simbolizado por el Dragón Verde) debería ser ligeramente más alto que el del lado oeste (simbolizado por el Tigre Blanco), porque, según la mitología china, el dragón es un símbolo imperial y debería ocupar un sitio más elevado. A veces una escultura o un cuadro de un dragón chino en la pared este interior de una casa pueden espantar a los espíritus malignos o eliminar una vista no deseada, como una lejana columna de humo, un objeto grande con bordes puntiagudos, el tronco muerto de un árbol o un cementerio.

Oeste. Es el dominio del Tigre Blanco, cuyo elemento es el metal. Este tigre valeroso representa el otoño y es complementario del agua, pero está en conflicto con la madera y el fuego. Por ende, el agua es buena para el oeste. El agua representa el *yin*, y por consiguiente la fertilidad, la prosperidad, la riqueza y el crecimiento. Además, tiene un efecto muy especial sobre la nutrición del *qi* de cualquier sitio. Las cosas relacionadas con el agua, como un lago, un estanque, un río o una corriente, un acuario con pececillos de colores o tropicales, plantas acuáticas, un jarrón con plantas y flores o una vasija conteniendo agua, también son beneficiosos para la dirección oeste. En el folclor chino el tigre es asimismo un símbolo *yang* o masculino que se complementa con el símbolo *yin* de agua. En la mitología china el tigre es un animal noble que protege las puertas celestiales del Paraíso Occidental, y es un fiel discípulo de los santos budistas llamados *lohan*, a los que sirve repeliendo a los espíritus malignos.

En la práctica moderna del *feng shui* el agua colocada en el lado oeste de un cuarto significa dinero y riqueza. Pero algunos también consideran que esta dirección representa la fertilidad, el amor y el romance, ya que el agua nutre esos acontecimientos y relaciones. Por lo tanto, la pared oeste, y a veces el rincón noroeste, de un dormitorio es una posición muy popular para la distribución de elementos de agua. En los templos y monasterios, por lo general los altares se colocan mirando al oeste. Ello se debe a que es la dirección del Paraíso Occidental, donde residen todos los dioses chinos. En el daoísmo, el oeste también es el jardín de la Reina Madre del Oeste, Si Huangmu.

9
Las Nueve Estrellas y su significado

AHORA QUE YA HEMOS VISITADO cada una de las Cuatro Direcciones, debemos centrarnos en la Osa Mayor, que apunta a lo largo de las estaciones hacia la majestuosa Estrella Polar, trono de Zhen Wu, el Guerrero Oscuro *(figura 7)*. A lo largo de muchos siglos la Estrella Polar, también conocida en Occidente como Polaris, ha proporcionado guía a los viajeros y navegantes, mostrándoles más o menos desde el año 1000 a. C. la dirección del norte verdadero. Seguirá haciéndolo hasta aproximadamente el 4000 d. C., cuando su lugar lo ocupará Vega. El largo reinado imperial de Zhen Wu sobre la posición septentrional del cielo nocturno sin duda será la envidia de cualquier dinastía terrenal.

Toda una escuela de *feng shui* está dedicada a la Osa Mayor debido a su relación con la

Estrella Polar. Esta escuela es la del método de las Nueve Estrellas, las Ocho Entradas y la Combinación de los *Bagua* mencionados con anterioridad. Vamos a aprender cómo emplearlos para nuestro análisis de los sectores buenos y malos de cuarto por cuarto.

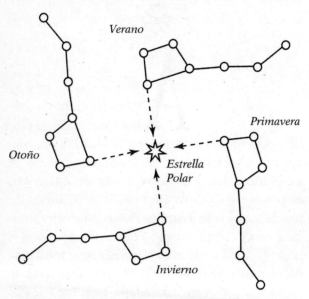

FIGURA 7. *La Osa Mayor señala hacia la Estrella Polar durante las Cuatro Estaciones*

La Osa Mayor en el cielo nocturno sólo tiene siete estrellas. Pero en el *feng shui* (igual que en la astrología y la adivinación chinas), se les añaden dos estrellas imaginarias conocidas como espíritus-estelares con el fin de representar los aspectos principales del oráculo *Yijing*, que indican presagios buenos y malos. Las siete estrellas visibles se numeran y llaman de la siguiente manera: 1) Vida y Crecimiento, 2) Sanación Celestial, 3) Desastre, 4) Seis Conflictos, 5) Cinco Espectros, 6) Continuidad y 7) Muerte. A estas siete estrellas visibles se añaden los dos espíritus-estelares imaginarios: 8) El Ayudante Izquierdo, y 9) El Ayudante Derecho, ambos asignados a la estrella Continuidad, dando en total una formación de Nueve Estrellas *(figura 8)*.

FIGURA 8.   *Las Nueve Estrellas en la Osa Mayor*

Las Nueve Estrellas representan orientaciones espaciales positivas o negativas, y son fundamentales para el análisis *feng shui* de un emplazamiento. Las siguientes son descripciones de las características asociadas con cada una de las Nueve Estrellas (en la sección II veremos cómo usar esta información en el análisis de un emplazamiento).

1) *Vida y Crecimiento* (positiva). Buena para todas las actividades, y para dormitorios, salones y cocinas.

2) *Sanación Celestial* (positiva). Buena para comedores, cocinas, dormitorios, rincones íntimos y otras zonas de frecuenta actividad humana.

3) *Desastre* (negativa). Una mala posición para la actividad humana. Es inteligente colocar un objeto de buena suerte para disolver o neutralizar la influencia de esta posición negativa. Para esta razón, se puede emplear cualquiera de las siguientes cosas: una escultura fuerte como la estatua de un león, un tigre o un dragón; una fuente pequeña; una pecera o acuario; un jarrón grande con agua y plantas verdes; un cacto (con espinas para repeler las cosas malas); o una imagen religiosa benevolente.

4) *Seis Conflictos* (negativa). ¡No sitúe jamás una cocina, una mesa o un cuarto familiar en esta posición traicionera! Tampoco es buena para los dormitorios, los salones o las zonas de conferencia, a menos que el practicante de *feng shui* conozca modos de mitigar las influencias negativas. Se pueden colocar bibliotecas, televisores, vídeos, equipos de alta fidelidad y objetos decorativos, pero no sofás, escritorios o mesas de trabajo.

5) *Cinco Espectros* (negativa). Esta posición también es problemática, en especial para las actividades cotidianas; asimismo es mala para un dormitorio. En ella se pueden situar muebles y otros objetos, siempre y cuando no sirvan como puntos focales para reuniones sociales o de trabajo. Si sabe cómo emplearla bien, puede conseguir que la posición de los Cinco Espectros le sea favorable. Por ejemplo, con una distribución adecuada, este lugar difícil puede colocar a un adversario en una mala posición durante negociaciones. Pero no lo intente si prefiere la paz y la felicidad, pues se trata de una espada de doble filo. Al dueño de un casino o una casa de juegos le encantará colocar aquí todas las mesas de juego para aumentar sus probabilidades de separar a los clientes de su dinero; este sector es el sueño o la pesadilla de un jugador profesional, dependiendo de si es lo bastante inteligente como para manipular los Cinco Espectros con el fin de que envíe el dinero hacia donde está él.

6) *Continuidad* (positiva). Esta posición es buena para la actividad humana, para los dormitorios, las zonas de comer, los salones, los cuartos de trabajo, y así sucesivamente. En general, la Continuidad es una zona favorable para distribuir objetos, y está asistida por los Ayudantes Izquierdo y Derecho.

7) *Muerte* (negativa). Es una posición muy mala para la actividad humana. Nunca

coloque en ella una cocina, un comedor, una sala de sesiones, un garaje o cualquier otro espacio para la actividad. Es segura para anaqueles y estanterías, libros, equipos de música, armarios y muebles y decoraciones menores. Jamás coloque allí un bar, un ordenador, un cuarto de juegos o la casita de una mascota. Para superar las influencias malignas de esta posición, puede poner una imagen religiosa, una lámpara grande de suelo o de pared, un cacto espinoso (no flores ni plantas verdes), una serie de tres, cinco o siete monedas chinas antiguas atadas con lazos rojos de seda, u otros amuletos y talismanes de la buena suerte que discutiremos más adelante (y que se incluyen en este libro).

8) y 9) *Los Ayudantes Izquierdo y Derecho:* Estas estrellas imaginarias acompañan a la Continuidad y la ayudan a absorber otras influencias invisibles. No se les asigna posiciones positivas o negativas, y son neutrales, excepto en la representación de los trigramas del *Yijing*. Por ende, generalmente se los considera buenos sujetos, por decirlo de esta manera. Está fuera del alcance de este libro una discusión detallada del *Yijing*, un sistema muy complejo de adivinación. No obstante, y como veremos en la siguiente sección, nuestro Método de las Nueve Estrellas incorpora algunos elementos del *Yijing* en su análisis espacial.

10
Localizar las entradas

ANTES de pasar al análisis de las Nueve Estrellas de un cuarto o un espacio, primero debemos determinar la orientación de la entrada principal o de las entradas de la estructura que deseamos analizar. Probemos con un simple análisis espacial de este tipo, situando las entradas para los cuartos de la planta baja de un apartamento o casa sencillos *(figura 9)*.

La planta baja de esta residencia tiene tres habitaciones grandes, con una escalera que conduce a la segunda planta o al sótano. Desde luego, en esta casa hay ventanas y una puerta trasera, pero al realizar el análisis espacial no tomamos en consideración ventanas, puertas secundarias o escaleras: sencillamente realice un diagrama esquemático del espacio para representar entradas principales y centros *qi*, tal como se muestra aquí. Ello se debe a que las ventanas, las escaleras, las puertas traseras, y así sucesivamente, pertenecen a una distribución *feng shui* más compleja; aquí nos ocupamos estrictamente con la orientación de las entradas principales y con la identificación de las orientaciones buenas y malas. El ejemplo que se muestra aquí tiene tres habitaciones: A, B y C. La entrada principal desde el exterior se halla en la pared oeste del Cuarto A. El B tiene una entrada sudoeste y el Cuarto C una entrada norte.

Para un apartamento o una casa la entrada principal es la puerta delantera. Si un emplazamiento tiene más de una entrada, como una tienda o un restaurante, considere la que se usa con más frecuencia como la principal. Para un espacio interior con dos o más puertas, como un dormitorio principal, un espacio de oficinas amplio y abierto o una sala de sesiones, elija la más próxima a la entrada principal de todo el edificio, o aquella que tenga más actividad y tráfico. Para llevar a cabo el análisis espacial básico, una vez más se soslayan las puertas secundarias, las aberturas o las entradas.

El ejemplo que se da en la *figura 9* es relativamente fácil, ya que la estructura tiene una orientación exacta en un eje norte-sur. No siempre éste es el caso, por lo que debemos

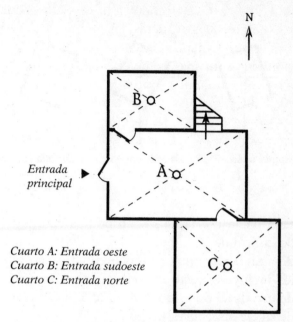

FIGURA 9. *Plano simplificado de una estructura, que muestra entradas y centros* qi, *pero no ventanas*

aprender a tratar con estructuras cuyo emplazamiento sea más complejo. La *figura 10* nos muestra ejemplos de estructuras orientadas a lo largo de ejes variables, y nos brinda la orientación de sus entradas principales basada en los principios que ya hemos discutido. La pared de un cuarto puede tener una entrada en una de tres posiciones generalizadas, es decir: centro, izquierda o derecha. Pero, sea cual fuere su posición, se puede ver que está orien-

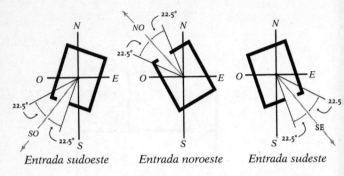

Entrada sudoeste   *Entrada noroeste*   *Entrada sudeste*

FIGURA 10. *Entradas para estructuras con ejes variables*

tada hacia uno de los ocho puntos cardinales de la brújula. Vea que en el *feng shui* se considera que cada uno de los ocho puntos cardinales incluye el resto de orientaciones menores dentro de su dominio de 45° (22,5° a cada lado de su eje direccional).

Hemos dedicado todo este tiempo a determinar la orientación de la entrada principal porque, junto con la localización del centro *qi*, es el paso más importante en el análisis espacial del *feng shui*. Ahora que ya se ha establecido correctamente dicha orientación, podemos pasar al aprendizaje del método de las Nueve Estrellas para determinar los sectores positivos y negativos para el espacio en cuestión.

11

Análisis espacial mediante el método de las Nueve Estrellas

A L REALIZAR EL ANÁLISIS de las Nueve Estrellas de un espacio primero debemos armonizar las siete estrellas visibles con los ocho puntos cardinales de la brújula, y luego superponer la matriz resultante sobre el centro *qi* del espacio que queremos analizar. Quizá suene complicado, pero no lo es. La *figura 11* ilustra el proceso, aplicando las estrellas a una estructura sencilla con la entrada principal orientada al sur. Como se puede ver, el punto austral de la brújula está ocupado por la entrada principal de la estructura; los restantes siete puntos cardinales se asignan a las siete estrellas visibles, y adoptan sus atributos. En otras palabras, para esta estructura que da al sur, el sector noroeste está gobernado por la estrella Muerte y, por ende, se trata de un sector muy negativo; el sector este, gobernado por la estrella Vida y Crecimiento, es el positivo; y así sucesivamente.

Desde luego, no todas las estructuras tienen una entrada principal hacia el sur como la que aparece en la *figura 11*. De hecho, y como hemos visto antes, una entrada se puede orientar hacia cualquiera de los ocho puntos cardinales de la brújula, y, dependiendo de esta orientación, la matriz de las estrellas también será distinta.

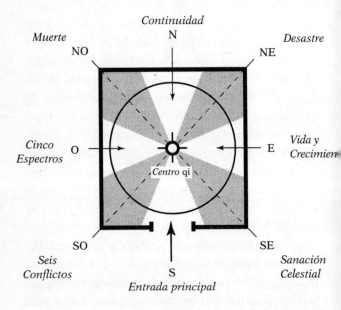

FIGURA 11. *Matriz direccional de las siete estrellas visibles aplicadas a un cuarto con una entrada austral*

La *figura 12* es un gráfico exhaustivo de la matriz estelar para cada una de las posiciones posibles de la entrada. Se trata de un resumen gráfico de los tradicionales palabra-poemas codificados del *feng shui* que desde tiempos remotos transmiten los maestros a sus discípulos. Advierta que la correspondencia de cada estrella con un punto de la brújula es distinta para cada una de las ocho posiciones de entrada.

Usemos un ejemplo para ver cómo debería leerse este gráfico. Digamos que tenemos una estructura cuya entrada da al norte. Mirando la *figura 12*, podemos comprobar que la matriz estelar para dicha entrada asigna la estrella Vida y Crecimiento al sector sudeste, Sanación al este, Desastre al oeste, Seis Conflictos al noroeste *figura 12*, Cinco Espectros al nordeste, Continuidad al sur y Muerte al sudoeste. En el fondo del gráfico aparecen las influencias, buenas o malas, que ejerce cada una de estas estrellas. De esta forma vemos que para una estructura con una entrada al norte, el sector sudoeste, gobernado por la Muerte, es una dirección especialmente negativa, mientras que la sudeste, ocupada por Vida y Crecimiento, resulta auspiciosa. La *figura 13* nos proporciona una representación gráfica de la matriz estelar para una estructura de este tipo. Compárela con la matriz que se mostró con anterioridad en la *figura 11* para una estructura que da al sur, donde la Muerte se halla al sudoeste y Vida y Crecimiento gobierna el este, y podrá empezar a comprender cómo la orientación de la entrada de una estructura altera toda la matriz de estrellas asociada con ella, y de ese modo cambia los valores positivos o negativos de cada uno de los ocho puntos cardinales. Con ello hemos completado nuestro estudio de los puntos fundamentales del análisis espacial mediante el método de las Nueve Estrellas.

Ocho Entradas	1 Crecimiento	2 Sanación	3 Desastre	4 Conflictos	5 Espectros	6 Continuidad	7 Muerte
Norte	SE	E	O	NO	NE	S	SO
Nordeste	SO	NO	S	E	N	O	SE
Este	S	N	SO	NE	NO	SE	O
Sudeste	N	S	NO	O	SO	E	NE
Sur	E	SE	NE	SO	O	N	NO
Sudoeste	NE	O	E	SE	S	NO	N
Oeste	NO	SO	N	SE	S	NE	E
Noroeste	O	NE	SE	N	E	SO	S
Influencia	buena	buena	mala	mala	difícil	buena	mala

Figura 12.   *Las Ocho Entradas y sus correspondientes matrices estelares*

Sin embargo, el Método de las Nueve Estrellas abarca más cosas. Si lo recuerda, el nombre completo de esta escuela es Método de las Nueve Estrellas, las Ocho Entradas y la Combinación de los *Bagual.* Ahora que ya hemos visto las Nueve Estrellas y las Ocho Entradas, es momento de aprender algo acerca de los *bagua,* u Ocho Trigramas.

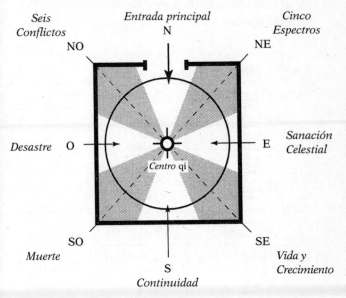

FIGURA 13. *Matriz direccional de las siete estrellas visibles aplicadas a un cuarto con una entrada austral.*

Los *bagua* son los cimientos de los oráculos del *Yijing,* un antiguo sistema chino de adivinación divulgado en el texto clásico llamado *Yijing.* Cada uno de estos símbolos está compuesto de tres líneas, motivo por el que se los conoce como trigramas. Cada línea del trigrama representa bien el *yang* (una línea continua) o bien el *yin* (una línea quebrada). Al alternar todas las combinaciones posibles del *yang* y del *yin* dentro de este formato de tres líneas, se deriva un juego de ocho trigramas básicos, los *bagua*.

Entrada	Bagua	Nombre	Fuerza Natural	Cinco Elementos	Beneficiario
N	☵	Kan	Agua	Agua	Hombre joven o hijo adulto
NE	☶	Gen	Montaña	Tierra	Muchacho o hijo menor
E	☳	Zhen	Trueno	Madera	Varón maduro o hijo mayor
SE	☴	Xun	Viento	Madera	Mujer madura o hija mayor
S	☲	Li	Fuego	Fuego	Mujer joven o hija adulta
SO	☷	Kun	Tierra	Tierra	Mujer mayor o madre
O	☱	Dui	Tierra Pantanosa	Metal	Muchacha o hija menor
NO	☰	Qian	Cielo	Metal	Hombre mayor o padre

FIGURA 14. *Las Ocho Entradas con los Ocho Trigramas y sus asociaciones*

En el *feng shui*, cada uno de los *bagua* se asigna a una de las Ocho Entradas (o a los ocho puntos cardinales de la brújula). Cada trigrama representa una fuerza o fenómeno naturales distintos, y a su vez cada uno de ellos está vinculado a uno de los Cinco Elementos. Además, cada uno de los Ocho Trigramas representa un beneficiario de una de las Ocho Entradas; es decir, el tipo de persona (en términos de edad y sexo) que derivará un beneficio especial de una entrada en particular. Por ejemplo, la entrada sur, cuyo trigrama es Li, es beneficiosa para una mujer joven o la hija adulta de una casa. La *figura 14* es una tabla exhaustiva de la relación entre las entradas y los trigramas, los beneficiarios, las fuerzas de la naturaleza y los Cinco Elementos.

12
Una pausa para la reflexión

HAGAMOS AQUÍ UNA PAUSA. Hasta ahora hemos aprendido bastante sobre el *feng shui*. Hemos visto cómo localizar el centro *qi* de un espacio, cómo usar las Nueve Estrellas, las Ocho Entradas y los *bagua* para el análisis espacial y la determinación de los sectores y direcciones buenos y malos. También hemos tocado otros cuantos factores que influyen en el *feng shui* de un emplazamiento específico.

El lector no debe desesperar por la compleja interrelación de todos estos símbolos y asociaciones. El arte popular del *feng shui* obtiene información de un amplio abanico de fuentes y de una rica tradición de pensamiento cosmológico, y por este motivo puede llegar a intimidar al practicante novato. Todo este saber del *feng shui* es útil, pero el lector no tiene que memorizarlo, ni siquiera entenderlo en este punto. Piense en él como si fuera un conjunto de herramientas para analizar y transformar su entorno. No hay por qué utilizar cada herramienta al mismo tiempo. Pero cuanto más trabaje con ellas, mejor encajarán en sus manos y se acomodarán a su sensibilidad, y al cabo le ayudarán a generar imágenes, conceptos, motivos y diseños creativos para remodelar su entorno de vida y trabajo de modos que nutrirán una actitud y un estilo de vida positivos.

Éste es el motivo por el que hemos basado el libro en el método tradicional de las Nueve Estrellas, las Ocho Entradas y la Combinación de los *Bagua*. A pesar de su complejidad, nos proporciona un conjunto sólido de procedimientos que se basan en la historia y la tradición. Este antiguo método es una joya en el arte popular chino del *feng shui*. Posee una lógica y sustancia propias; igual que una botella de vino añejo, o una amistad duradera, ha resistido la prueba del tiempo y debería saborearse en consonancia. Muchos practicantes actuales evitan estas escuelas tradicionales, y a cambio toman atajos y emplean métodos simplificados. Esto está bien, es válido y bastante práctico; ¡estamos a favor! Pero descuidar las escuelas tradicionales también puede significar pasar por alto algo interesante y valioso, por no decir nada de la pérdida de la herencia cultural del mundo si unas formas de arte tan antiguas se abandonaran por completo.

Además, el Método de las Nueve Estrellas no resulta tan difícil una vez que se explica. Hemos abarcado sus elementos más importantes y usted ya ha aprendido cómo realizar lo básico del análisis del *feng shui* con el empleo de sus técnicas antiguas. ¡Un sinfín de felicitaciones a todos! En la segunda mitad del libro obtendremos una mayor familiaridad con el método, aplicaremos lo que hemos aprendido y exploraremos algunas pistas útiles para emplear el *feng shui* con el fin de mejorar la calidad de nuestro entorno y de nuestras vidas.

Segunda parte

Feng shui aplicado

Una muestra del análisis espacial

EN LA PRIMERA PARTE DEL LIBRO hemos aprendido algo sobre la historia y la teoría del *feng shui* y lo básico del análisis espacial mediante el método de las Nueve Estrellas. En esta sección aplicaremos este método al análisis de una estructura sencilla. Un antiguo proverbio chino dice que «un pequeño gorrión tiene todas las características de las aves más grandes». Esto también es verdad para las distribuciones espaciales. Las técnicas que estamos aprendiendo se pueden aplicar a las estructuras más complejas y a los planos arquitectónicos, pero es mejor usar una estructura sencilla como punto de partida, para que no haya confusión respecto de los principios fundamentales.

Como ejemplo, consideremos el espacio que se muestra en la *figura 15*, un dormitorio

corriente y pequeño con tres ventanas, una
entrada principal y una entrada lateral asegu-
rada por un par de puertas correderas metáli-
cas que dan a un patio exterior (que también
podría representar el patio trasero de una casa
pequeña).

Tal como aprendimos antes, lo primero que
debemos localizar es el centro *qi*. Es fácil, ya
que la habitación que estamos considerando
posee una forma geométrica muy simple. Una
vez establecido el centro *qi*, nos situamos allí, y
con el empleo de una brújula pequeña y convencional registramos los ocho puntos cardinales desde ese punto de orientación.

Después de apuntar las ocho direcciones,
comprobamos que la entrada principal de ese
cuarto dé al sur. Entonces volvemos al gráfico
de las Ocho Entradas de la *figura 12*. Busca-
mos la fila para la entrada sur, y al leerla
encontraremos las direcciones y sus estrellas
asociadas: el este está gobernado por la Vida y
Crecimiento, el sudeste por la Sanación Celestial, el nordeste por el Desastre, el sudoeste por
los Seis Conflictos, el oeste por los Cinco
Espectros, el norte por la Continuidad y el
noroeste por la Muerte. El octavo punto cardi-
nal lo ocupa la propia entrada, hacia el sur.

Tras completar esta orientación básica, ya
podemos empezar a ver dónde están en esa
habitación los sectores buenos y malos (o posi-

tivos y negativos). En los términos más sencillos tenemos cuatro sectores buenos (la entrada sur, norte, este y sudeste) y tres sectores malos (nordeste, noroeste y sudoeste), y un sector difícil (el oeste). Luego toda esta información se puede cartografiar en el espacio tal como se muestra en la *figura 15*. Entonces podemos empezar la parte principal de nuestro análisis, tomando el espacio sector por sector y comenzando desde la entrada principal.

Sur

Como lo ocupa la entrada principal, el sector sur no posee una estrella asociada. A cambio, se asocia con uno de los *bagua*, u Ocho Trigramas, como se muestra en el gráfico dado en la *figura 14*. Ahí vemos que el trigrama para una entrada sur es Li, y que verdaderamente se trata de una muy buena dirección. Tal como aprendimos antes, el sur es el dominio del Pájaro Rojo, que representa el sol austral. Su elemento es el fuego, símbolo de energía y vitalidad que puede extender su influencia hacia las actitudes y el temperamento de la persona que vive en ese espacio. Y si observamos la columna de la *figura 14* en busca de los beneficiarios de cada entrada, descubrimos que una morada con una entrada principal hacia el sur

es especialmente beneficiosa para una mujer
joven o una hija adulta de una familia. Esto no
significa que no sea bueno para personas de
otras edades o del sexo opuesto. Pero una
mujer joven derivará un valor especial y positivo de habitar en un espacio así.

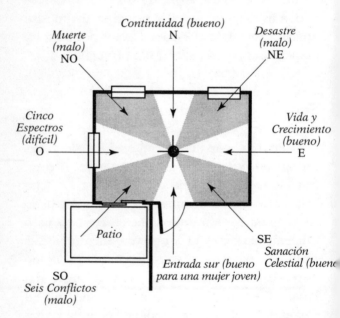

FIGURA 15.   *Una muestra de un análisis de una habitación*

En cualquier caso, la entrada Li es muy
positiva y útil, en particular si, como en esta
situación, su sector opuesto (norte) también es
bueno. Como veremos a lo largo del libro, en el

feng shui todas las cosas se interrelacionan, y la base de este arte es conocer sus proporciones y equilibrio adecuados. Se parece mucho a preparar una buena comida o a dirigir una orquesta. La posición positiva de una morada puede fomentarse de diversas maneras, y las posiciones malas se pueden modificar o mitigar. Pero la dirección de la entrada principal de un edificio, al igual que la orientación global del edificio en su emplazamiento, son de importancia crucial, como el ingrediente principal de una receta o la tónica de una pieza musical. Para los antiguos chinos, esos temas no debían decidirse sin haberle dedicado un pensamiento considerable y serio a la posible influencia que tendría sobre la prosperidad y el bienestar de la gente que podría vivir y trabajar allí durante generaciones. De modo que quien quiera que distribuyera la entrada principal de nuestro dormitorio hipotético hizo un buen trabajo. Volvamos a los otros sectores favorables, y veamos cómo influyen en este espacio.

Norte

En este caso, el norte es un sector positivo, gobernado por la estrella Continuidad. Estructuralmente, está ocupado por la pared norte del dormitorio, con una ventana a cada lado de sus extremos. Como vimos antes, una pared norte con aberturas es peligrosa, porque queda expuesta al poder del Guerrero Oscuro del Norte, Zhen Wu, y a sus servidores la Tortuga y la Serpiente.

No obstante, en esta habitación la parte de pared situada dentro del sector norte es sólida y protectora, aunque las dos ventanas a cada lado de ella caen en sectores malos. Además, el peligro potencial del norte se ve más compensado por el hecho de que en este caso está gobernado por una estrella buena (Continuidad) y porque también se halla situado directamente enfrente de la entrada sur muy positiva.

Ésta es una buena demostración del modo en que diversos factores interactúan en el *feng shui*, mostrando cómo una dirección potencialmente negativa se puede neutralizar mediante la influencia de una estrella positiva y equilibrar a través de una buena entrada. Sin embargo, habría que comentar que también puede darse lo contrario. Una dirección esencialmente buena puede, por accidente de posición, quedar situada dentro de un sector con una estrella mala, y luego verse aún más debilitada por una mala distribución del mobiliario y otros objetos. Considere sus propios espacios de vida y trabajo: ¿es la persona correcta en un entorno equivocado? ¡Compruébelo!

Aquí, el hecho de que el norte está gobernado por la Continuidad significa que la influencia positiva de esta estrella ayudará a calentar este sector por lo general frío. Un buen sector también nos proporciona mayor libertad para la creatividad en la distribución de objetos que lo potencien. Podemos tomar prestados algunos elementos de fuego del sur soleado —como radiadores o calefacción de suelo mediante cables conductores— para instalar a lo largo de esta pared norte y eliminar el frío del invierno. Es también un buen sector en el que colocar muebles para el uso cotidiano, como una silla, un sillón o un escritorio pequeño. No obstante, no será una ubicación apropiada para una cama, ya que el sector se halla directamente enfrente de la entrada, y colocar una cama ante una entrada es perjudicial (lo discutiremos con gran detalle más adelante). Como hay otros dos sectores buenos en este cuarto, no hay necesidad de situar una pieza tan importante del mobiliario como una cama a lo largo de la pared norte del cuarto.

Aquí quedarán bien una iluminación de pared, cuadros u otros toques decorativos; pero también resulta espléndida una pared sencilla y vacía. En una sección separada exploraremos los muchos usos del color en el *feng shui*, pero en esta pared sería muy apropiado una tonalidad blanca o de un beige cálido.

Este y sudeste

Se trata de los dos sectores positivos restantes de esta habitación, gobernados, respectivamente, por las estrellas de la Vida y Crecimiento y la Sanación Celestial. Debido a ello, son seguros, y permiten mucha libertad en la distribución de los muebles y de otros elementos. Disponemos de abundancia de opciones, incluyendo colocar una cama en el sosegado lado *yin* del cuarto, lejos de la activa energía *yang* de las ventanas y las puertas, lo que nos garantiza paz y privacidad. Igual que el buen sector norte que acabamos de visitar, estos dos animan a los lectores a colocar libremente artículos como una cama, sillas, una cómoda, una mesa esquinera, lámparas y accesorios de luz, plantas de interior, y así sucesivamente. Use su sentido visual para conseguir un equilibrio armonioso de los objetos, añadiendo aquí y allá un toque de color para conseguir un buen realce.

Para los lectores que quieran experimentar con el color, se sugiere un azul claro para el sector este y un verde ligero para el sudoeste. El color se puede sacar de muchas fuentes aparte de la pintura y los papeles, las cortinas y cosas por el estilo. Recuerde que dispone de la paleta de la propia naturaleza en forma de plantas y flores. Desde luego, lo más importante es tener un sentido general de la armonía de los colores. Lea la sección sobre el color en el *feng shui* que hay más adelante para aprender más sobre las leyendas y el significado simbólico del color, que era muy importante en la antigua China con objetivos rituales y ceremoniales.

Nordeste

Ahora llegamos a los sectores problemáticos y negativos del cuarto. Pero éstos quizá también sean los más interesantes, ya que nos presentan muchas oportunidades para ejercitar y expresar nuestra habilidad en la distribución de las cosas. Como todos los bailarines saben, los pasos más hermosos y creativos en un escenario son los más peligrosos. Los lectores deberían aprender de ello y no evitar los sectores malos, donde se pueden conseguir grandes actos de equilibrio. El truco radica en neutralizarlos y compensarlos sabiendo qué hacer, y no tardará en conocer mucho al respecto. El primero de los sectores malos es el nordeste, gobernado aquí por el Desastre. La ventana situada en esta parte aumenta el problema. Dejará pasar ráfagas de viento en las frías noches, pero, si no se la modifica, será también una fuente de luz solar dura y sin regular. Es mala para las plantas, los materiales de color, los muebles y, según el *feng shui*, lo es también para la gente.

No coloque ahí una cama, un escritorio ni un sofá; no debería ser un sector en el que las personas se reúnan o pasen periodos prolongados de tiempo. Es un buen sitio para poner librerías, una televisión, un vídeo o un equipo de música. Una lámpara de pie o de pared ayudará a relajar el sector, igual que algún objeto de decoración de colores cálidos. Las plantas también podrían ser de utilidad; bien un cacto grande y espinoso para enfrentarse al sector Desastre, o el enfoque más sosegado de una pequeña maceta con plantas y flores para suavizar esa zona problemática. Como siempre, utilice la imaginación y siga un enfoque que se adapte a su personalidad.

Este sector quizá requiera también la colocación de objetos especiales de la buena suerte, como monedas chinas antiguas o un talismán rojo daoísta como los que se incluyen en este libro. Si lo prefiere, asimismo sería un buen lugar para una estatuilla o un cuadro religioso.

Noroeste

Éste es el sector de la Muerte, aunque una vez que lo hayamos ubicado no debería preocuparnos demasiado, ya que disponemos de muchas técnicas para ocuparnos de él. Pero en el *feng shui* el sector de la Muerte es el más complicado de todos los sectores malos, y, si no se localiza y neutraliza, es potencialmente el más dañino.

En nuestro ejemplo, aquí también hay una ventana, algo no muy deseable de tener en un sector malo como éste. Un radiador o un elemento de calefacción sobre el suelo calentará un poco este punto. Las cortinas gruesas y las persianas son una buena idea, y los colores cálidos también le darán vida a esta zona en las noches frías, al igual que una lámpara de pie o cualquier otra luz ascendente. Un jarrón grande con agua y plantas cumplirá asimismo la función de estabilizarlo. Otra posibilidad es colocar un equipo de música o un televisor para crear sonido y movimiento con el fin de estimular este espacio. Pero cualquier cosa que haga, se le recomienda que en algún punto de dicho sector mantenga un amuleto de la buena suerte en constante exposición, algo poderoso y sagrado. Depende de usted qué puede ser; tal vez un cordel con monedas chinas antiguas atadas con un lazo rojo de seda, un talismán daoísta, una Biblia o un libro de oraciones, un cordel con cuentas para la oración, una espada de Siete Estrellas, una estatua de un tigre, un león, un Buda, un ángel o alguna otra imagen

religiosa. Los profesionales del *feng shui* saben
que el sector de la Muerte puede ser el punto
más interesante para llevar a cabo cosas creativas, ya que es ahí donde las influencias desfavorables se pueden desafiar y superar.

Sudoeste

El sector sudoeste en este cuarto, gobernado por los Seis Conflictos, no es bueno, pero,
al mismo tiempo, tampoco es terrible. El problema que tenemos aquí son las puertas correderas de vidrio, que dejan la habitación abierta
y vulnerable a un peligro y un conflicto potencial mayores, que en su casi totalidad entran
desde el exterior. Esas puertas deben estar bien
protegidas y aseguradas en todo momento.

Como estas grandes puertas correderas son
transparentes y no estructurales, en el *feng
shui* se las considera una abertura como una
ventana importante. La luz del sol procedente
del sector sudoeste no es favorable como la del
sur, y no resulta deseable tener el cuarto des-
protegido de la invasión de la dura luz de la
tarde. Es una dosis demasiado elevada de energía *yang*, por no mencionar la falta de privacidad y el ruido del exterior que podrían dejar
entrar dichas puertas. Esta abertura requiere
regulación y objetos situados cuidadosamente

para repeler a los malos espíritus. Pero somos afortunados de que este rincón abierto no se halle en el sector de la Muerte, pues entonces habría que situar las puertas de vidrio en otro sector y cerrar la abertura. La situación es manejable tal como está.

Necesitaremos cortinas pesadas y persianas verticales para dejar fuera el resplandor, el ruido y otros conflictos no deseados. Las cortinas siempre deben estar al menos cerradas en sus tres cuartas partes para evitar las malas influencias y restaurar la armonía en el cuarto. En invierno querrá cerciorarse de que esa entrada esté bien sellada, las cortinas corridas y quizá añadirle un radiador. Tal vez también puedan ayudar un toldo que se extienda sobre el patio y unas contrapuertas exteriores. Asimismo se recomienda un talismán daoísta de papel elegido de entre los que se incluyen en este libro. Se puede colocar en la pared interior junto a las puertas correderas. Incluso en las noches estivales, las persianas y las cortinas son útiles para evitar que el frío penetre desde el rincón sudoeste. En verano, distribuya una serie de plantas como biombo visual para evitar que las influencias desfavorables entren en la habitación.

Oeste

El sector oeste de este cuarto es el de los Cinco Espectros; no es malo, pero difícil si no se lo cuida como es debido. Es un sector interesante en el que trabajar. En nuestro ejemplo, este de los Cinco Espectros tiene una ventana que se puede abrir a oportunidades y fuerzas tanto buenas como malas. Por ende, debe estar guardado por lo imprevisible que es. Sea amigable con este sector, e intente fomentar con él una buena relación. Un modo de hacerlo es con agua, ya que la asociación natural para la dirección oeste son las tierras pantanosas (agua y tierra). El agua nutre todas las cosas buenas de la vida, desde la riqueza y la fama hasta el romance. El oeste es también el dominio del Tigre Blanco, cuyo elemento es el metal. En la teoría de los Cinco Elementos que discutimos con anterioridad, el agua, la tierra y el metal se complementan entre sí. A los profesionales del *feng shui* les encanta la pared oeste de un espacio, y a menudo la usan como un punto en el que alcanzar el máximo bien para sus clientes.

El lector puede elegir de entre muchos objetos para apaciguar y complacer a este difícil sector de los Cinco Espectros cuando se halle localizado en el oeste: un acuario con peces, plantas y flores, o cualquier otro artículo de diseño interior que contenga elementos de agua, incluyendo un cuadro u otra imagen acuática, como un paisaje marino. No obstante, en nuestro ejemplo, la pared tiene una ventana, y necesitamos emplear persianas o cortinas para proteger el agua o los objetos que la contengan de una excesiva exposición al hostil sol de la tarde. Otros realces posibles son un amuleto de la buena suerte, un talismán, un cordel con monedas antiguas o una imagen pequeña y amistosa del Buda o de un ángel. Pero, como siempre, no hay por qué exagerar y amontonar cosas. Recurra a su propio juicio y gusto. Incluso un sencillo jarrón grande con agua y algo verde podría bastar. Un reloj, una lámpara de suelo o una mecedora confortable también podrían proporcionar actividad y movimiento para vitalizar este sector. ¡Las ideas buenas no tienen por qué ser caras!

Esto completa nuestra muestra del análisis espacial. En este momento el lector debería poseer una buena comprensión de los fundamentos del análisis del *feng shui* mediante el método de las Nueve Estrellas. Hemos visto cómo localizar todos los sectores buenos y malos, al igual que algunas sugerencias prácticas para realizar los elementos buenos y neutralizar los malos en un entorno específico. Las próximas secciones del libro forman un compendio que ahonda en las sugerencias de esta clase, y están agrupadas en categorías específicas para un empleo más fácil. Por lo general, estas ideas y recomendaciones las comparten y reconocen otras muchas escuelas del *feng shui* además de la que hemos seguido en este libro.

Factores
medioambientales

EL AGUA ES UNA HERRA-
MIENTA muy útil en
el *feng shui*. El texto
más antiguo en tratar ese tema lo escribió el
legendario Guo Pu (276-324 d. C.), cuyos dis-
cursos con posterioridad fueron recogidos, edi-
tados y revisados durante las dinastías Tang y
Song. Escribió que el *qi* y el alma humana se
mantenían unidos en vida de una persona,
pero que a la muerte se desintegraban. Según
Guo: «Cuando el *qi* queda expuesto al viento,
resultará herido o se dispersará. Con la presen-
cia del agua, permanece.» Eso significa que el
qi de una persona depende de la nutrición del
agua y de la protección a las perturbaciones
del viento. Allí donde haya agua, habrá vida y
prosperidad futura.

Guo también es muy conocido por sus escritos sobre la teoría de los Cinco Elementos y por

su innovadora clasificación en cuatro partes de las formas geográficas. Es la fuente de la popular enseñanza del *feng shui* de que «las montañas rodean y el agua abraza», aludiendo al uso del agua para abrazar y nutrir fuerzas positivas y al de las montañas como barreras para proteger el *qi* de ser quebrado y disperso por el viento. De esta manera, desde principios del desarrollo histórico de la teoría del *feng shui*, el agua y los objetos relacionados con ella se han considerado esenciales para fomentar y proteger el crecimiento y la buena suerte y contrarrestar o resolver las influencias negativas.

En el *feng shui* contemporáneo, el agua representa la riqueza. Posee el poder mágico de disolver los elementos desfavorables, tanto interiores como exteriores. El agua y los objetos que la contienen (acuarios, fuentes, jarrones con plantas y flores vivas, un cuenco) serán adiciones bienvenidas en la decoración de los salones, dormitorios, estudios, áreas de trabajo y entradas. El emplazamiento ideal para estos elementos es el sector oeste de un espacio o junto a la pared oeste. Si ello no es posible, los rincones noroeste o sudeste son también buenos para unas distribuciones que la contengan.

El centro *qi* de un espacio debería mantenerse libre y aireado, pero el agua siempre es bien recibida en él. No bloquee el centro *qi* con una pieza de mobiliario sólida y pesada. Si desea colocar algún tipo de mueble en dicho centro, que sea una mesita baja, abierta por abajo, con un jarrón con agua y flores (no cacto) encima. Para los espacios comerciales, una distribución auspiciosa sería una gran cocina de un restaurante o un bar con las pilas situadas junto a la pared oeste o en un sector favorable de acuerdo con el análisis de las Nueve Estrellas. Para proyectos públicos o exteriores más grandes, son excelentes una fuente o un jardín con un pequeño estanque como punto focal del espacio.

Numerología

El significado simbólico de los números es de crucial importancia en el *feng shui*, y en China existe una tradición antigua de numerología y magia de los números. El mito y la leyenda rastrean los orígenes de esta tradición hasta el emperador Yu, de la dinastía Xia, quien se cree que vivió alrededor del 2000 a. C. Una de las famosas obras del emperador Yu fue la inauguración de unos enormes proyectos de control de las crecidas para proteger al pueblo y la agricultura chinos de los azotes del ingobernable río Amarillo. Un día, mientras el emperador se hallaba dedicado en esa tarea, una gran tortuga de mar con cabeza de dragón

emergió del río. En el caparazón y el cuerpo
había un diseño de puntos coloreados que for-
maban el cuadrado de los números mágicos
conocido como el Luo Shu *(figura 16)*. Dentro
del cuadrado mágico Luo Shu hay nueve cuadrados más pequeños conocidos como los
Nueve Palacios, cada uno ocupado por un
número. Los números se pueden leer en cualquier sentido —izquierdo, derecho, arriba,
abajo o en diagonal— y la suma será de quince. Quince es la combinación de cinco y diez,
con cinco que representa el honor y diez la
unidad y la compleción. El carácter chino para
diez se escribe como una cruz con cuatro bra-
zos iguales, que a su vez simbolizan las cuatro
direcciones que existen en armonía y equilibrio. La *figura 17* muestra los números del Luo
Shu en una distribución más elaborada que le
proporciona su relación con los ocho puntos
cardinales, los Cinco Elementos y los Ocho Trigramas del *Yijing*. (Fíjese que en las *figuras 17-
19* el sur aparece en la parte superior, de acuerdo con la costumbre china.)

El número diez no se incluye en el cuadrado mágico del Luo Shu, ya que es un símbolo
silencioso que representa lo sagrado, la adora-
ción y el homenaje a todos los dioses. Los
números del uno al nueve son los números
ordinales básicos, mientras que el diez es el
unificador final. El vocablo chino para adora-

ción es *heshi*, que significa «armonía-diez», y se simboliza uniendo las dos manos con las palmas y los dedos juntos, lo que indica la unidad de todas las dualidades y la integridad de la mente en respeto y tributo. Todos los números del Luo Shu poseen asociaciones complejas en la adivinación, algunas de las cuales se apuntan aquí.

4	9	2
3	5	7
8	1	6

FIGURA 16. *El cuadrado mágico de números del Luo Shu*

El uno es el número de los dioses y del emperador, conocido como el Hijo del Cielo. Representa la cima, el pináculo, lo último... ¡lo único! Nosotros los mortales no podemos ocupar esa posición de número durante mucho tiempo, ya que puede ser solitaria y peligrosa. Nosotros no somos divinos, y únicamente la divinidad puede ocupar esa posición de forma permanente.

El dos, que representa un par o una pareja, es un número feliz, y resulta propicio para eventos como cumpleaños, bodas o festivales. También representa el equilibrio de las fuerzas del *yin* y el *yang* que juntas forman el *taiji*, u origen de todas las cosas. Poemas de la buena suerte de dos líneas, llamados *dui*, se escriben en papel rojo y se exhiben a ambos lados de la entrada principal de una casa o una tienda durante el Año Nuevo Chino.

El tres se considera el número más estable, del mismo modo que un trípode es la más estable de todas las formas. Hay una frase china, *san san bu jin*, que significa: «tres y tres jamás terminarán», y expresa la esperanza de longevidad. El *feng shui* aprovecha la numerología para distribuir objetos, y el número tres resulta especialmente útil para fomentar la estabilidad y la unidad visual de un entorno.

El cuatro está formado por dos pares, que deberían ser auspiciosos, pero en chino su pronunciación es idéntica a la palabra para «muerte», y, debido a esta asociación tan desagradable, el *feng shui* intenta evitar cualquier distribución que involucre al número cuatro.

El cinco representa el honor, el poder y la autoridad. En tiempos remotos, el símbolo imperial era un dragón dorado de cinco garras. El trono del emperador se aludía como «el honor de cinco y nueve», con cinco significan-

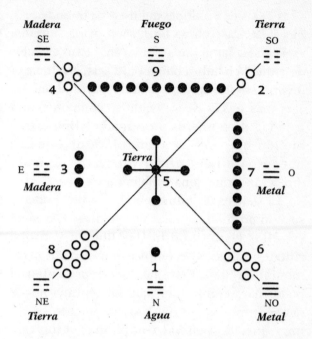

FIGURA 17. *Los números del Luo Shu mostrados con los ocho puntos cardinales, los Cinco Elementos y los Ocho Trigramas*

do las Cinco Direcciones (norte, sur, este, oeste y centro) y el nueve las montañas sagradas de la China. El número cinco también está asociado con el dios del hogar (*dizhu*), que gobierna la prosperidad y el bienestar de todas las casas chinas y las protege de los espectros y los espíritus malignos. Es un número excelente para emplear en las distribuciones de *feng shui*.

El seis es un doble del tres, y por ende propicio. La frase china *liu liu wu qiong* significa «seis y seis jamás se arruinarán». Esto es debido a que la palabra china para seis, *liu*, tiene el mismo sonido que el vocablo para afluencia. Tres más seis es nueve, y juntos componen una trinidad de números afortunados. Una distribución que emplee cualquiera de ellos es buena para neutralizar un sector de mala dirección o una zona problemática.

El siete es un número mágico muy poderoso, con profundas raíces mitológicas. Hay siete estrellas visibles en la Osa Mayor, y en los rituales daoístas se emplea una espada ceremonial de Siete Estrellas, que representan el poder para eliminar el mal. La séptima noche del séptimo mes lunar es el momento de un muy querido festival tradicional chino que celebra el romance de una joven tejedora y un muchacho pastor celestiales que se unen una vez al año en esa noche al cruzar el puente que forma la Vía Láctea. En los cuentos de hadas y en las fábulas daoístas, una secuencia de cuarenta y nueve días (siete veces siete) es sagrada, y está asociada con los dioses; asimismo, cuarenta y nueve son los días del periodo prescrito para el luto y el recuerdo después de la muerte de una persona querida, tras lo cual los supervivientes deberían dejar a un lado su dolor y reanudar su vida cotidiana. En el *feng shui*, una distribución de siete objetos confiere poder mágico y un sentido de lo sagrado.

El ocho es también un número con diversas asociaciones religiosas. En la mitología daoísta hay Ocho Inmortales, y Ocho Tesoros en la tradición budista. Asimismo hay ocho trigramas básicos en el *Yijing*, y ocho puntos cardinales en la brújula. Una mesa octogonal —llamada la mesa de los Ocho Inmortales en China— simboliza armonía y felicidad. Una mesa de café o una esquinera con esa forma pueden ser buenos elementos para colocar en un sector malo. Una ventana octogonal o un jarrón de ocho caras también son buenos, y a menudo se cuelga una placa de los *bagua* (una placa octogonal de madera pintada con los ocho trigramas) sobre una entrada para superar las malas influencias antes de que puedan entrar en una casa.

Y por último, el nueve es un número muy feliz. Sus primos son el tres y el seis, ambos favorables. La palabra china para nueve (*jiu*) es homófona del vocablo para longevidad, de esta manera el mismo número está asociado con una vida larga y la buena suerte.

La aplicación de la numerología en el *feng shui* es flexible y debería estimular su creatividad e imaginación. Los números se aplican a casi todas las distribuciones de muebles, objetos o accesorios dentro de un espacio. Como hemos visto, la mayoría de los nueve números básicos tiene asociaciones positivas, y usted puede aprovecharlos en las distribuciones para potenciar los buenos sectores o ayudar a neutralizar los malos. No obstante, debería intentar evitar el uso del número cuatro bajo todos los conceptos siempre que sea posible, debido a su asociación con la muerte. Por ejemplo, no coloque una serie de cuatro objetos, como sillas, en línea recta. Los restaurantes chinos a menudo emplean dos mesas pequeñas para dos, separadas por un espacio muy estrecho, para sentar a cuatro personas, y esa buena técnica del «cuatro desconectado» para encarar este problema se puede aplicar también a otras situaciones. En el *feng shui* una serie de cuatro ventanas a lo largo de una pared es una mala distribución; mejor serían tres o cinco. Las ventanas en paredes diferentes en un espacio que alcancen un total de cuatro pueden ser problemáticas, aunque menos dañinas que cuatro en una sola pared. Si usted tiene ese grupo de ventanas en un espacio ya existente, el mejor remedio es emplear cortinas gruesas o un biombo alto para cerrar de manera permanente una de ellas y bloquearla de la vista.

Color

El uso del color en el *feng shui* es bastante antiguo, y deriva de las prácticas místicas daoístas. Desde tiempos remotos los sacerdotes y los chamanes daoístas han empleado el color para repeler a los espíritus malignos, para rezar pidiendo lluvia, comunicarse con los dioses cuando se les solicita consejo en asuntos importantes, curar la enfermedad y evitar las desgracias. Tiene una poderosa asociación con la numerología, remontándose al Luo Shu del emperador Yu descrito en la sección anterior. Los números mágicos que el emperador Yu encontró en la tortuga de mar aparecieron como diseños de puntos coloreados, y de ese modo cada uno de los nueve números básicos y las nueve direcciones (los ocho puntos cardinales más el centro) tienen un color relacionado con ellos. La asociación entre el color, el número y la dirección terminó de codificarla el emperador Wen de la dinastía Zhou (1100-771 a. C.), y el diagrama que hizo de sus relaciones, conocido como el diagrama «Después del Cielo», se muestra en la *figura 18*.

El color, el número y la dirección figuran de manera importante en el ritual daoísta. En un altar daoísta se cuelgan banderas de seda de los colores apropiados que corresponden con cada una de las direcciones. Por lo general, dicho altar se termina de decorar con talismanes y otros estandartes, un quemador de incienso, un cuenco con agua, velas y una espada de Siete Estrellas de metal o madera que simboliza la autoridad de la Osa Mayor y de la Estrella Polar. Otro instrumento importante del ritual es un matamoscas, habitualmente hecho con crin de caballo o fibras de lino, que se emplea para espantar a los malos espíritus y purificar la sala.

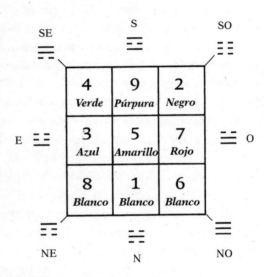

FIGURA 18.   *El diagrama «Después del Cielo» del emperador Wen*

En tiempos antiguos, el sacerdote daoísta recitaría los nombres de los dioses, entonaría oraciones y se postraría ante el altar, tras lo cual caería en un trance y realizaría una danza llamada Yubu («Pasos del Emperador Yu»). El objetivo de la danza era importunar a los dioses para que manifestaran sus poderes mágicos y su compasión en beneficio de la humanidad. El medio de conseguir ese poder y hacer que bajara a la Tierra era vincular los diversos números del cuadrado mágico del Luo Shu en patrones prescritos y secuencias aritméticas a través de los pasos de la propia danza. Las banderas y estandartes de colores armonizados con los números del Luo Shu y los puntos cardinales orientaban al sacerdote en su danza y le ayudaban a conectar con los dioses. Vemos entonces que los colores tienen una asociación profunda con el poder y la magia sagrados.

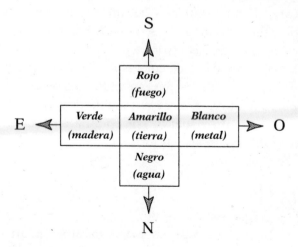

FIGURA 19.   *Gráfico de colores de los Cinco Elementos y las Cinco Direcciones*

Además del diagrama «Después del Cielo» *(figura 18)*, hay otro, armonizado con los Cinco Elementos y las Cinco Direcciones, que los lectores quizá deseen explorar como alternativa *(figura 19)*. En ese gráfico, los colores sólo se dan para el centro y las direcciones del cuadrante. Sin embargo, los colores intermedios se pueden derivar de la siguiente manera: para el nordeste, el verde grisáceo; para el sudeste, lavándula; sudoeste, rosa, y noroeste, gris claro. El uso extensivo de una paleta amplia de colores es un fenómeno relativamente moderno, y algunos tradicionalistas del *feng shui* tal vez planteen objeciones a ello. Pero para los lectores a quienes les encante el color y quieran aplicarlo de forma eficaz y hermosa a sus espacios de vida, tomemos ideas prestadas de los dioses celestiales. De hecho, la elección de unos pasteles suaves y de otros colores mezclados, evitando la intensidad y el resplandor duros de los puros, es una manera razonable de mantener una armonía visual, y por encima de todo el *feng shui* es un arte de armonía y equilibrio.

Luz

Existen dos tipos de luz, la natural y la artificial. La luz solar natural es beneficiosa y muy deseada por los buscadores de apartamentos en las ciudades grandes como Nueva York, pero cuidado con obtener demasiado de una cosa buena. La luz solar excesiva y el resplandor reflejado se consideran dañinos en el *feng shui*. Una luz solar directa no regulada daña los colores, los muebles, las telas y a la gente. Hace que el mobiliario de madera se agriete, se combe y se resquebraje, y provoca que se descolore la pintura. También daña a las plantas y causa sequedad en los interiores. El resplandor reflejado en las ventanas, los espejos, las piscinas y otras masas de agua puede penetrar en un espacio vital de maneras perjudiciales. Tanto la luz solar directa como el resplandor reflejado deberían regularse con el empleo de persianas, cortinas, toldos o biombos. La clave, como siempre, es crear un entorno armonioso y equilibrado.

La iluminación artificial incluye velas y lámparas de gas y de aceite al igual que la electricidad. El empleo de luces eléctricas en el *feng shui* para potenciar la buena suerte es un enfoque práctico y moderno. Pero una luz artificial excesiva es inapropiada, y el resplandor de las luces artificiales exteriores dirigido a un espacio vital también se considera perjudicial. Por ejemplo, un gran letrero comercial de neón frente a la ventana de una persona se considera hostil y desfavorable. Este tipo de problemas deben atenderse y regularse como los de la luz natural. Para aliviar la situación se pueden emplear persianas, cortinas y talismanes del *feng shui*.

Un uso contemporáneo de luces exteriores en el *feng shui* es colocarlas de tal modo que se reflejen en una pared o en la fachada de la casa para fomentar la buena suerte. Las luces exteriores en el patio trasero también pueden ser de utilidad. No obstante, cuidado con ello, ya que quizá resulten indeseables para un vecino si no están bien reguladas o están situadas justo enfrente de sus ventanas. Dentro de la casa, el uso correcto y apropiado de las luces puede ser muy estimulante, y es especialmente efectivo para suavizar los cantos de las paredes y los rincones interiores. Es una buena herramienta una iluminación indirecta o de suelo que proyecte su luz hacia arriba.

Tal como se mencionó antes, mantener una lámpara encendida toda la noche a lo largo de la pared norte puede ayudar a proteger ese sector vulnerable. Las lámparas de mesa o de suelo con pantallas de colores alegres y cálidos pueden ayudar en otras áreas negativas como los sectores de la Muerte, el Desastre, los Cinco Espectros o los Seis Conflictos... o, si así lo desea, incluso se pueden distribuir para potenciar un sector bueno. Pero recuerde que el objetivo básico es alcanzar el equilibrio, la armonía y la serenidad, y permita que le guíe su propio juicio.

Rasgos arquitectónicos

LA ENTRADA Y LAS VENTA-
NAS de su casa se ven
afectadas por el entor-
no circundante. Por ejemplo, un objeto grande
de cantos duros como la esquina de un edificio
situado frente al suyo puede ser una influencia
muy dañina si apunta directamente a la puerta
delantera o a una de sus ventanas. Cuanto más
cerca esté, más perjudiacial podrá ser para la
gente que viva en ella, e incluso a una buena distancia se considera desfavorable en términos de
feng shui. Asimismo, son dañinos un conducto
de humo grande, el tronco de un árbol, un poste
telefónico o de electricidad situados en la línea
central de una ventana o una entrada. Corregir
amenazas importantes y permanentes como
éstas puede resultar muy difícil, por una multi-
tud de motivos. En algunos casos, la mejor solución quizá sea cambiarse de casa o apartamento.

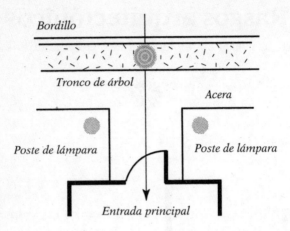

Bordillo

Tronco de árbol

Acera

Poste de lámpara

Poste de lámpara

Entrada principal

FIGURA 20.   *Remedio para un tronco de árbol que corte por
la mitad la línea central de una entrada principal*

Si ello no es posible, existen varios remedios que se pueden aplicar. En el caso del
tronco de un árbol o de un poste telefónico
que corten la línea central de la entrada principal, uno de estos remedios se ilustra en la
figura 20. Como se muestra ahí, el propietario
de la casa ha instalado dos postes altos de
lámparas uno a cada lado de la la entrada
principal. La distribución triangular (poste-
puerta-poste) contrarresta la amenaza plan-
teada por el enorme tronco. Las dos lámparas
sirven como guardias que protegen la entrada,
y por la noche su luz ayudará a mantener ale-
jados a los intrusos.

Cuando objetos exteriores hostiles como esquinas de edificios, conductos de humo y cosas por el estilo son visibles desde la entrada o las ventanas pero no se hallan alineados con su centro, la situación es menos grave, aunque también debería ser solucionada. Un remedio sencillo para mitigar la situación es colgar una placa *bagua* de madera sobre la entrada o la ventana en cuestión, en la pared exterior o interior (la naturaleza y la función de la placa *bagua* se discutirá con mayor detalle más adelante). Si se cuelga en el exterior, a algunas personas les gusta aumentar su influencia beneficiosa instalando una pequeña luz exterior para que la ilumine por la noche.

Ni la entrada principal de una casa ni las líneas centrales de las ventanas deberían alinearse con la entrada grande de un edificio o la puerta de un cementerio. La primera se conoce como «boca del tigre», y es peligrosa y perturbadora; la naturaleza poco propicia de la segunda requiere escasa explicación. Los remedios tal vez sean imposibles, en cuyo caso sería mejor cambiar de residencia. Sin embargo, si los elementos amenazadores están situados como mínimo a bastantes metros de distancia, quizá sea factible mitigar la situación mediante el uso creativo de diversos artilugios de protección para bloquear la vista (plantas colgantes, cortinas, persianas, etcétera).

La configuración de los escalones frontales, la entrada principal y el vestíbulo es una cuestión muy importante en el *feng shui* de una residencia. Estos rasgos deberían recibir una cuidadosa atención, no sólo en términos de orientación global de la casa, sino respecto de los detalles más pequeños de su diseño. El descansillo exterior y el vestíbulo deben ser razonablemente llanos y generosos para invitar a la buena suerte a entrar y quedarse. Es de vital importancia evitar que un escalón abrupto se encuentre sólo a centímetros del umbral de la entrada principal. Aparte de ser un peligro para la seguridad, también es un error serio en el *feng shui*, pues hará que se alejen los Tres Tesoros de vida, amor y prosperidad. Un remedio sencillo es extender el descansillo exterior, cerciorándose de que sea ancho y generosamente proporcionado, y que los escalones sean graduales y seguros para todo el mundo.

Puertas

Las orientación de las puertas entre sí y entre otros rasgos arquitectónicos es muy importante. Las siguientes son las situaciones corrientes con las que hay que tener cuidado.

Una puerta frontal alineada sobre un eje recto y despejado respecto de la puerta trasera

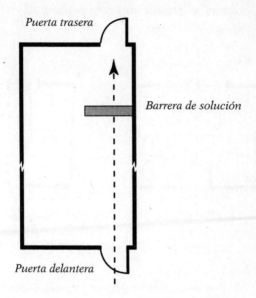

FIGURA 21.   *Remedio para las puertas delantera y trasera*
alineadas sobre el mismo eje

de una residencia resulta muy indeseable. Esta situación permite que el *qi* se filtre fuera de la casa, y es heraldo de problemas financieros y de otras dificultades. Si es posible, cambie la puerta trasera o ciérrela de manera permanente. Si ello no es posible, existe otra solución relativamente sencilla, que es la de levantar una barrera o media pared como se muestra en la *figura 21* con el fin de interrumpir el tráfico desde la puerta delantera a la trasera. Ello servirá para retener el *qi* y otras influencias buenas, y beneficiará a la gente que viva en ese espacio.

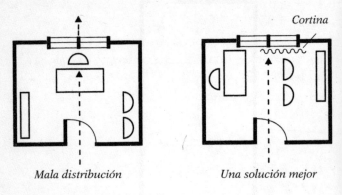

Mala distribución   *Una solución mejor*

FIGURA 22.   *Alineaciones de puerta y ventana*

Por el mismo motivo, es mejor evitar tener la puerta de un dormitorio, un despacho u otro cuarto directamente alineada con una ventana *(figura 22)*. Si existe esta situación, no empeore el problema colocando un escritorio o una cama en el mismo eje; ello sería muy desfavorable para la persona que use el espacio. Sitúe el escritorio o la cama en otra parte más protegida de la habitación, y emplee la imaginación para inventar una solución creativa para ocultar o amortiguar la alineación puerta-ventana; dos posibilidades son una planta colgante grande o unas cortinas parcialmente corridas.

Otra distribución mala en el *feng shui* es la ubicación común de puertas de despacho enfrentadas a lo largo del mismo corredor o vestíbulo en un esquema de espina de pescado. Esta oposición directa de puerta frente puerta fomentará conflictos y un mal ánimo entre colegas y trabajadores. Es mejor compensar las puertas de una manera consecutiva y ordenada. Resulta evidente que ello debería considerarse al comienzo de las fases de diseño de la oficina.

Ni las puertas interiores ni las exteriores de una residencia deberían alinearse directamente con una escalera. Las puertas que están así son un peligro físico para los niños e incluso los adultos, en especial de noche. Además, semejante distribución creará conflicto e inestabilidad financiera en los ocupantes de la casa. Tampoco la entrada o las puertas de otros cuartos deberían alinear frontalmente con las puertas del cuarto de baño, la cocina o el dormitorio. Se trata de situaciones de *feng shui* dañinas, que generan mala suerte y conflicto, y que también son malas para la intimidad. Por desgracia, los remedios para esos rasgos arquitectónicos tan permanentes quizá sean caros, y requieren el servicio de un arquitecto o un ingeniero estructural.

El duro borde vertical de una puerta que se abre hacia dentro (o la de bisagras basculantes) en el *feng shui* se considera un «filo de cuchillo» (véase *figura 23*). Bajo todos los conceptos evite colocar un escritorio, una cama, una mecedora o un sofá —cualquier mueble que pueda ocupar una persona por algún espacio de tiempo— de tal manera que ese filo de cuchillo oscile o apunte hacia ella. Este filo de cuchillo potencia conflictos y dificultades de todo tipo, en especial para el cabeza de familia o para una empresa. Hay varios remedios para ese peligro corriente. El más simple es apartar el mueble de la zona, de modo que no esté amenazado. Otro enfoque es modificar la puerta para que oscile hacia fuera y no hacia dentro, o cambiar la puerta basculante por una corredera. Pero éstas son soluciones potencialmente caras. Quizá sea más barato y fácil solucionar el problema colgando un espejo vertical de buen tamaño en la pared opuesta, como forma de reflejar el borde duro de la puerta y, así, contrarrestar la amenaza del filo de cuchillo con su propia imagen. Y, por último, los que sean creativos y disfruten con tareas manuales y con coser, podrían diseñar y construir una funda de tela para cubrir el canto de la puerta, con lo que se suaviza su filo y dureza con pliegues y cortinas de material similar al de una cortina para una ventana o la funda de un mueble. Éste puede ser un modo barato y divertido de solucionar el problema.

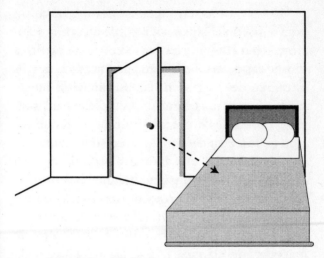

FIGURA 23.   *El «filo de cuchillo» de una puerta*

Rincones interiores e intersecciones de pared

Los ángulos de noventa grados y las intersecciones agudas no son interesantes en el *feng shui*. Se prefieren las esquinas redondeadas, las formas curvilíneas y los cantos blandos. Las inflexibles formas afiladas y rectilíneas de algunos interiores se pueden considerar desfavorables. El diseño modernista en particular a veces es capaz de producir formas interiores impertinentes y perturbadoras, llenas de ángulos extraños e intersecciones duras que disturban la serenidad del hogar o la oficina.

Una vez más, en lugar de llevar a cabo un nuevo diseño costoso, es posible alcanzar soluciones baratas y creativas para conseguir la sensación de armonía y forma orgánica que es la marca del *feng shui*. La iluminación puede ser la técnica más efectiva a emplear para suavizar los bordes duros de un interior. La ubicación estratégica de lámparas de suelo, iluminación indirecta o una lámpara situada en una mesita esquinera consigue mucho para mitigar las esquinas y los bordes duros. Detrás de los sofás se pueden instalar luces que apunten hacia arriba o distribuciones verticales de macetas con plantas. El uso diestro tanto de la luz como del color es capaz de obrar milagros en el incremento de calor, suavidad e intimidad en un espacio que a primera vista puede parecer afilado y hostil.

Columnas y vigas

Las columnas y las vigas de techo son rasgos arquitectónicos necesarios, esenciales para la integridad estructural y la seguridad de un hogar u otro edificio. Sin embargo, la posición de las columnas y vigas en relación con el espacio interior puede ser no deseable e inaceptable desde el punto de vista del *feng shui*, y este asunto debe recibir su atención.

Por ejemplo, una columna grande centrada en línea con la entrada principal o dominando el centro de un cuarto es un problema serio. En el *feng shui* a esto se lo llama «columna que bloquea el corazón», y se considera hostil y desfavorable para la gente que vive o trabaja en dicho espacio *(figura 24)*. Una columna que bloquea el corazón potenciará conflictos y otros problemas, y el obstáculo visual que presenta perturbará las mentes de las personas al encontrarse con él cada día. Un remedio para esta situación puede ser costoso, ya que no es sencillo redistribuir la columna o la entrada. Una solución es dejar de usar esa entrada como la principal, renovando o volviendo a decorar una entrada lateral para sustituir a la problemática. Si ello no es posible, otro remedio es disfrazar esa columna que bloquea el corazón con la forma más amistosa de una pared de partición curva que recubra la columna del techo al suelo, como se muestra en la *figura 24*. Coloque una planta verde grande, una fuente artificial pequeña o un tanque pequeño con plantas acuáticas al pie de la pared dentro de la cual está enterrada la columna. Esa pared de partición curva y la distribución acuática harán mucho para aliviar el *feng shui* negativo de la columna que bloquea el corazón.

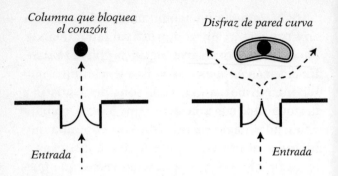

Columna que bloquea el corazón

Disfraz de pared curva

Entrada

Entrada

FIGURA 24.   *Una «columna que bloquea el corazón» y un posible remedio*

Una viga grande de techo puede ser otra dificultad importante. Es como la espada de Damocles, que pende sobre las cabezas de las personas que se sientan o duermen debajo de ella, amenazando con la calamidad e incluso con la muerte *(figura 25)*. Por desgracia, las vigas, por lo general, son rasgos estructurales permanentes que no se pueden quitar o cambiar con facilidad. Un remedio es un techo falso que la oculte. Pero en muchos casos no bastará para deshacer su influencia perniciosa, y una sensación de incomodidad ante el peligro invisible que acecha arriba seguirá perturbando a los ocupantes de la habitación. Debería distribuir los muebles de forma que ninguna pieza que vaya a ocupar gente (camas, mesas, sofás, etc.) esté situada justo debajo incluso de una viga oculta. Como los techos falsos a menudo las tapan, tal vez sea necesario realizar un poco de trabajo detectivesco con los planos arquitectónicos para comprobar dónde están situadas esas grandes vigas estructurales. No hay que preocuparse de las alfardas, que son más pequeñas y no plantean amenazas; tampoco presentan problemas los conductos de aire, ya que son huecos.

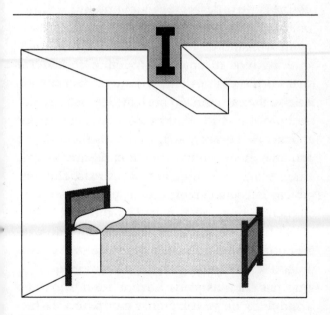

FIGURA 25. *Una cama amenazada por una viga superior*

Ubicación de las cocinas y los cuartos de baño

La ubicación de la cocina y los cuartos de baño es importante porque afectan directamente la salud y el bienestar de la gente que vive en la casa. Una cocina es el lugar donde se sitúa el fuego y donde se guardan todos los utensilios afilados y puntiagudos. Por lo tanto, es un centro de acción, movimiento, calor y energía *yang*. Jamás coloque una cocina en el centro mismo de una casa o un edificio, aunque algunos diseñadores puedan considerar que tal posición es eficaz. Es una distribución que se llama «corazón ardiente», y debe evitarse bajo todos los conceptos. Las actividades diarias de cortar, picar, freír y asar no deben hallarse en el centro *qi* de la casa, que tendría que permanecer aireado y sin cargas. Hay que ubicar la cocina en otra parte, en un costado o, al menos, fuera del centro. Los antiguos chinos ni siquiera habrían pensado en un emplazamiento de cocina «corazón ardiente» en sus hogares, y tiene sentido seguir su ejemplo, ya que las cocinas y los hornos modernos con conductos de ventilación y campanas extractoras se deshacen de todos los olores, humos y grasas, o del riesgo potencial de un incendio.

Los cuartos de baño y los aseos son rasgos relacionados con el agua, y ésta normalmente es buena en el *feng shui*, pero la asociación con residuos y el tema de la intimidad afectan la ubicación de estos cuartos dentro de una casa. Algunos practicantes de *feng shui* en realidad prefieren situarlos en sectores malos (según el análisis direccional de las Nueve Estrellas), ya que creen que ello dará como resultado que la mala suerte y las malas influencias sean expulsadas o purgadas de la morada.

Calefacción y aire acondicionado

El calor artificial, igual que la energía natural de calor procedente del sol, es una fuerza *yang*. Las unidades de calor como los radiadores y los calentadores por debajo del suelo calientan las zonas frías en las noches gélidas y en los meses invernales. Por lo general es bueno colocar estos accesorios modernos bajo las ventanas a lo largo de la fría pared norte, o en los sectores noroeste y nordeste de donde proceden los vientos fríos. Los aparatos de aire acondicionado, debido a la naturaleza fría de su energía, se pueden considerar fuerzas *yin*. Son aparatos excelentes para neutralizar la fuerza caliente del verano *yang*, pero si se usan con exceso pueden producir enfriamientos y enfermedad. Al introducir aire del exterior, son similares a las ventanas abiertas, que requieren atención y regulación. La columna de aire enfriado que expulsa un aparato de aire acondicionado puede ser nociva para los niños pequeños y las personas mayores, y quizá haga falta una cortina decorativa para desviar su rumbo de las zonas de descanso.

Herramientas
del *feng shui*

En el *feng shui* se emplea un cierto número de objetos para contrarrestar las malas influencias y potenciar las positivas, o proporcionar una protección especial a los residentes de una casa. Las siguientes secciones discuten algunas de las herramientas más populares y el modo en que las emplean los practicantes del *feng shui*.

Espejos

Los espejos, en todos sus tamaños y formas, son unas herramientas poderosas en el *feng shui*. Tienen el poder tanto de desviar como de reflejar; repelen el mal y aumentan el bien. Sin embargo, como poseen estas características y poderes interesantes, no deberían usarse de forma casual. A veces los espejos son propuestos para el uso del *feng shui* por sacerdotes o chamanes, con oraciones y rituales desarrollados para ese propósito. Un espejo de este tipo no es un juguete ni un objeto decorativo de diversión que se pueda mover libremente. Se trata de un aparato serio, destinado a colocarse en un punto específico para influir en el *feng shui* de una casa de una manera específica.

De hecho, hay un tipo muy especial de espejo que el lector no tendrá ocasión de usar, a pesar de lo cual es interesante saber algo sobre él. Es un espejo de exorcista, utilizado por un sacerdote o chamán entrenado para capturar un espíritu maligno o absorber fuerzas malévolas, tras lo cual se rompe y sus fragmentos se arrojan a la profundidad del mar o se entierran bajo tierra. Estos espejos, que sólo se usan cuando ha habido una enfermedad o tragedia graves, son herramientas peligrosas. Incluso los chamanes se muestran muy cautelosos al manejarlos, debido al mal karma que se les puede adherir.

Sin embargo, y por lo general, los espejos (en especial los corrientes) son buenas herramientas con muchos usos positivos y beneficiosos, como los que se detalla a continuación:

Se puede usar una serie de espejos de pared para reflejar y potenciar tanto la luz natural como la artificial en espacios oscuros que posean un exceso de energía *yin*. Los espejos de pared decorativos de este tipo tienen el valor añadido de crear la ilusión de una mayor profundidad y amplitud en los cuartos atestados o estrechos.

Se pueden colgar espejos en la pared norte de un cuarto para reflejar la luz natural procedente del soleado sur; también se pueden emplear en rincones oscuros o en pasillos sin salida para iluminar áreas oscuras y aliviar la atmósfera sombría.

Como se comentó antes, un espejo grande también se puede usar para contrarrestar el «filo de cuchillo» de una puerta que se abra hacia dentro. Si se emplea en un dormitorio, los lectores deberían tener cuidado de que no refleje el cabecero de la cama, o, lo que sería ideal, ninguna otra parte de ella (véase la *figura 26*). Para evitarlo, habría que compensarlo o taparlo con cortinas bonitas. Un espejo tampoco debería reflejar la cabeza y el cuerpo de una persona sentada ante un escritorio o una mesa; no es bueno para dicha persona encontrarse con su propia imagen de forma repetida mientras está sentada en un lugar durante cierto periodo de tiempo.

También se les puede dar un uso magnífico en vestíbulos y entradas *(figura 26)*. Un espejo de pared bien proporcionado colgado en un vestíbulo oscuro le añade algo de vida a ese espacio y lo vuelve bastante agradable; tam-

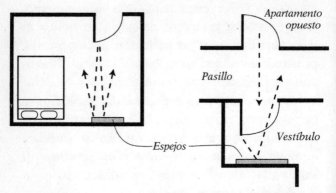

FIGURA 26. *Uso de un espejo en un dormitorio y un vestíbulo*

bién reflejará el «filo de cuchillo» de la puerta, y la mayoría de éstas se abre hacia dentro. Asimismo, un espejo es una buena precaución si la entrada de su apartamento se halla justo enfrente de la de su vecino, algo que ocurre con frecuencia, aunque se considera un *feng shui* malo que con toda seguridad promoverá conflictos y hostilidad. Un espejo en la entrada puede ayudar a mitigar esta situación, desviando las malas influencias antes de que puedan dañar otras áreas de la casa.

Formas geométricas

Las formas geométricas se encuentran con más asiduidad en las discusiones del *feng shui* exterior, en las que se usan para analizar y caracterizar diversos aspectos del terreno y el paisaje. Pero la geometría de los interiores también es importante. Como se comentó antes, el pensamiento cosmológico daoísta clasifica todas las cosas según los Cinco Elementos (metal, agua, madera, fuego y tierra) y sus combinaciones, que pueden ser conflictivas o complementarias. La *figura 27* muestra la aplicación de la teoría de los Cinco Elementos en formas geométricas básicas. Estas asociaciones se pueden utilizar en el *feng shui* interior con el fin de neutralizar y compensar un mal sector. Por ejemplo, si la entrada de una casa está situada en el este, ello coloca el sector oeste en el dominio de la Muerte. Pero el oeste también está asociado con el agua, y dicha asociación positiva se puede potenciar situando un mueble curvilíneo —una forma de agua— en esa zona. Los lectores creativos deberían divertirse al considerar las posibilidades de diseño inspiradas por el uso de formas geométricas como encarnaciones de los Cinco Elementos, y aplicándolas para armonizar su espacio vital. Incluso a los elementos estructurales como las ventanas se les puede modificar la forma para influir en el *feng shui* de un cuarto.

Cuadros y esculturas

Las obras de arte se pueden usar de manera muy eficaz en el *feng shui*. Una técnica popular es colgar un cuadro con colores cálidos y un paisaje exuberante para añadirle vida a una fría pared norte. La pintura de un lago u otra masa de aguas quietas es ideal para una pared oeste, que es el dominio del Tigre Blanco y está asociado con el agua y las tierras pantanosas. Y es bueno exhibir cuadros con motivos o símbolos religiosos en un sector de mala dirección para compensar su influencia.

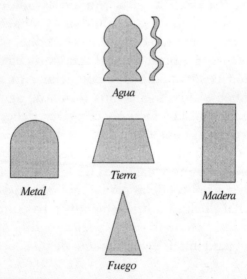

Agua

Tierra

Metal

Madera

Fuego

FIGURA 27.   *Formas geométricas asociadas con los Cinco Elementos*

Las esculturas como una pareja de perros, leones o tigres *fu* son buenas guardianas de las entradas de las casas u otros edificios. Para repeler las malas influencias se pueden colocar versiones más pequeñas de ellas en sectores desfavorables dentro de un hogar o un cuarto. También buenas para este propósito son las máscaras de dragón de madera, o figuras religiosas como ángeles o una estatua de Guan*yin*, Diosa de la Misericordia. Asimismo se puede colocar un texto religioso —una Biblia, un Corán o una colección de sutras budistas— en un mal sector para potenciarlo.

Monedas

Hace tiempo que las monedas antiguas se consideran como talismanes de la buena suerte, no sólo por los chinos, sino por muchas culturas. En Occidente, a menudo éstas se montan en anillos y otras joyas tanto por la suerte que brindan como por su estilo. Pero la tradición popular china tiene algunas costumbres especiales a propósito de ellas.

FIGURA 28. *Una hilera de la suerte de cinco monedas chinas antiguas*

Una de ellas son los sobres pequeños de papel rojo para envolver el dinero de la «buena suerte» del Año Nuevo. Se venden en muchas tiendas chinas, o los lectores pueden fabricárselos doblando un cuadrado de papel rojo alrededor de un par de monedas, asegurándolas bien en el interior. Hagan cuatro de esos sobres —las monedas pueden ser chinas u occidentales, nuevas o antiguas— y fíjenlas a cada una de las cuatro esquinas de la cama o a las patas de un escritorio o mesa de trabajo. Situar los sobres de manera discreta, para que no queden expuestos directamente a la vista de otros. Si lo desean, pueden colocar sobres similares en las cuatro esquinas principales de su casa o apartamento, o encima del marco de una entrada, donde un único sobre basta para potenciar la buena suerte.

Las monedas chinas antiguas, de las que tienen agujeros cuadrados en el centro, con frecuencia también se unen en hileras de tres, cinco o siete. Para ello se usan dos cordeles rojos, preferiblemente de seda, ya que el rojo es el color de la felicidad. Los cordeles se pasan por los agujeros de las monedas y se anudan tal como se muestra en la *figura 28*. Las hileras de este tipo se cuelgan sobre la entrada principal de una morada para la buena suerte y la protección de las influencias negativas. También son herramientas útiles para neutralizar los sectores de dirección malos como el Desastre y la Muerte. Se pueden colgar horizontalmente entre dos clavos (un buen modo para situarlas encima de una puerta) o verticalmente de uno sólo de ellos (cuando el espacio es restringido).

Las monedas modernas también se pueden emplear para contrarrestar un mal sector. En una mesa pequeña o estantería de pared colocar cinco tazas con tapa. Llenar cada una con agua, depositar un penique o un centavo en ellas y tapar la taza con la tapa hasta que se consiga una evaporación lenta. Cambiar el agua cuando haga falta. Si parece excesivamente complicado, se puede emplear una distribución de cinco animales talismánicos —tigres, osos, dragones, leones, o una combinación de ellos— para conseguir un efecto similar.

Jade

Los antiguos chinos consideraban el jade (nefrita o jadeíta) y los objetos tallados de él como talismanes de la buena suerte. Creían que el jade era una piedra sagrada dada en regalo del cielo a la gente en la Tierra. En la Antigüedad, los viajeros siempre se ataban un disco o un colgante de jade al cinturón para seguridad y buena fortuna en sus viajes, y aún es el mineral favorito de muchos asiáticos en las joyas tanto para el hombre como para la mujer. De un modo similar a las monedas antiguas, las piezas o estatuillas pequeñas de jade se puede usar para mitigar los sectores desfavorables.

Árboles y plantas

Los árboles o las plantas se pueden emplear como pantalla visual para suavizar una vista desagradable delante de una entrada principal o del otro lado de la calle. Para las entradas o ventanas que den a un cementerio, o se vean amenazadas por algún otro objeto en la calle de enfrente, colocar una pantalla de pequeño bambú Guanyin (que no crece más allá de los 2,20 ó 2,40 metros) para tapar la vista. También servirán pinos pequeños o una valla de rosas rojas espinosas. Consulte con un experto en árboles y plantas para averiguar qué clase podría ser la más apropiada para su residencia en términos de altura, patrón de crecimiento, cuidado y mantenimiento y coste.

Para vistas menos amenazadoras, como un edificio feo en la distancia, una chimenea o un gran solar vacío, una distribución más pequeña de cinco macetas con cactos a lo largo del alféizar interior de una ventana puede asimismo servir como pantalla visual y deflector de malas influencias. Además, si una persona prefiere un enfoque de confrontación con el fin de contrarrestar un mal sector dentro de una casa, quizá funcione un cactos grande. Sin embargo, bajo ningún concepto debería colocarse uno en el centro *qi* de un espacio o a lo largo de la pared oeste; estas áreas pueden resultar dañadas por las espinas y la sequedad. Además, para los peores sectores, como el de la Muerte y el Desastre, a veces es desaconsejable mostrar un talante demasiado combativo... tal vez sea una mejor idea usar talismanes u objetos de la buena suerte para desviar las malas influencias de estos sectores.

FIGURA 29.   *Una placa* bagua

Una placa bagua

Por lo general, una placa *bagua* es octogonal, de madera y está adornada con los *bagua* (ocho trigramas) y el símbolo *yin-yang* (véase *figura 29*). Habitualmente se pinta de rojo o amarillo, más otros colores. El rojo es para la felicidad, y el amarillo simboliza la nobleza, el poder y la estabilidad. En la antigua China el amarillo dorado era el color designado para un emperador y su casa real. Algunas versiones pueden tener un pequeño espejo redondo en el centro; otras la cabeza amarilla de un tigre sosteniendo los *bagua*. La placa *bagua* es un objeto muy eficaz para desviar los conflictos y las malas influencias, y se puede colocar discretamente en una pared, una estantería o la superficie de un escritorio en los sectores de mala dirección dentro de una casa. Muchos chinos la cuelgan en el exterior sobre la entrada principal para repeler las cosas desagradables que llegan a esa puerta frontal. A algunos les gusta añadir una luz pequeña que de noche brille en el signo para conferirle un énfasis y efecto adicionales.

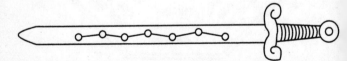

FIGURA 30.   *Una espada de Siete Estrellas*

Los lectores pueden comprar una placa *bagua* en una tienda china. Pero siempre es divertido hacer cosas, y quizá quieran tratar de fabricarse su propia placa *bagua*, siguiendo el diseño básico que se da aquí, y pintarla de varios colores. Entonces será suya de verdad, e incluso tendrá más valor como protectora de la casa.

Una espada de Siete Estrellas

Se trata de una espada ceremonial y decorativa, bien de metal o bien de madera, con siete círculos que representan cada una de las siete estrellas visibles de la Osa Mayor exhibidas en el centro de ambos lados de la espada *(figura 30)*. Las estrellas están unidas por una fina línea en zigzag, como se muestra aquí, para simbolizar la Osa Mayor y su alianza con la Estrella Polar con el fin de fomentar la justicia y contrarrestar el mal. Por lo general, las estrellas se graban o se engastan en la hoja. Pero si los lectores quieren hacerse su propia espada de Siete Estrellas, éstas se pueden pintar, de amarillo o de blanco. El fin de la espada decorativa es colgar horizontalmente sobre ventanas con vistas desagradables o sobre la pared de sectores malos en el interior de la casa.

FIGURA 31.   *Una espada de monedas chinas*

Una variante de este tipo de espada en el *feng shui* es la tradicional espada de monedas, hecha con muchas monedas chinas antiguas apiladas y unidas con cordeles de seda roja como se muestra en la *figura 31*. El fin de estas espadas de monedas también es colgar sobre una pared o una ventana. Son artículos de coleccionista, y debido al número de monedas antiguas que se requiere para fabricarlas, pueden ser bastante caras aun cuando sea lo bastante afortunado como para encontrarla.

Campanillas

Las campanillas se han vuelto recientemente muy populares en las distribuciones del *feng shui*. La gente las cuelga para atraer la buena suerte. No obstante, en cierto sentido son como los espejos; hay que tener cuidado en su empleo.

Según las creencias chinas, el repicar de una campanilla crea un sendero de sonido que une el cielo y el infierno, con su punto de conexión aquí en la Tierra. Contenido dentro del sonido de la campanilla existe lo sagrado y lo profano, el bien y el mal. Las campanillas pequeñas de metal tradicionalmente se cuelgan bajo los extremos de los aleros curvos de los templos budistas o daoístas, las pagodas o las salas sutra. Durante el día el viento las agita, haciéndolas sonar para dispersar a los espíritus malignos y a los espectros errantes; pero tras la puesta del sol, las campanillas se vuelven alojamientos temporales de esos espíritus y espectros hasta el nuevo día. La compasión y generosidad de los sacerdotes y monjes les proporciona a esos tristes espíritus y espectros sus diminutos albergues. Pero los vientos y las brisas nocturnas que mueven las campanillas también sirven para recordarle a dichos espíritus que sólo son visitantes transitorios.

Entre los practicantes modernos del *feng shui*, el empleo de las campanillas para potenciar la buena suerte es un uso controvertido. Algunos las eligen porque se trata de una tendencia nueva; pero otros lo consideran imprudente. Ciertamente, los practicantes mayores prefieren que las campanillas se vean restringidas a los emplazamientos religiosos como altares, templos y monasterios, y que sólo se usen en los rituales religiosos, como los exorcismos o las ceremonias para desterrar la enfermedad. Además, si se cuelga una campanilla en el interior para una función de *feng shui*, y ésta no se halla adecuadamente iniciada por un sacerdote daoísta u otro adepto, con el tiempo puede convertirse en un hogar confortable para los malos espíritus, que entrarán en la morada para residir en ella. Estos son puntos importantes para cualquiera que esté pensando en usar campanillas.

Las campanillas colgantes para decoración y celebraciones son divertidas, y no deberían tener efectos secundarios adversos. A todos nos gustan. Sin embargo, el empleo de una campanilla como una herramienta de *feng shui* en una posición específica es otra cuestión, y requiere cuidado y buen juicio. Igual que con los espejos, tener campanillas en una casa no es nada malo. Pero úselas de modo selectivo, con plena conciencia de su poder y de su importancia simbólica.

Talismanes daoístas

Un juego de talismanes daoístas, impresos en papel rojo, se adjunta en las páginas siguientes como un rasgo especial de este libro, y el autor invita a los lectores a arrancarlos y a colocarlos en puntos estratégicos de sus hogares u oficinas. A continuación se describen la historia y el significado de estos amuletos de la buena suerte.

Los amuletos de la buena suerte de este tipo son muy populares entre los chinos, ya que son baratos, fáciles de usar y también bastante decorativos. Por lo general están escritos por sacerdotes daoístas que los inician con diversos rituales religiosos. De hecho, estos talismanes se consideran sagradas «órdenes vigentes» de un dios en particular que comanda a los espíritus malos a mantenerse a distancia. A veces se escriben con tinta de cinabrio sobre tiras de papel de arroz amarillo, pero para su uso corriente en un hogar, en especial durante el Año Nuevo u otros festivos, generalmente se escriben con tinta negra y en papel rojo. El rojo alude al Pájaro Rojo del Sur —el sol— y simboliza la felicidad. Debido a lo auspicioso del color, se cree que las palabras de los dioses escritas en tinta roja o en papel rojo ganan incluso más autoridad y poder.

La tradición del empleo de talismanes escritos para eliminar el mal nació hace mucho. La forma de los caracteres que se usa en ellos es una caligrafía cursiva y decorativa especial, una mezcla de varios estilos de caligrafía e inscripciones de sellos antiguos. Según la leyenda daoísta, la fabricación de los talismanes escritos empezó con el famoso maestro Zhang Ling (también conocido como Zhang Daoling), quien nació en el 34 d. C., en la provincia de Jiangsu en la costa este de China. Era considerado uno de los patriarcas importantes del daoísmo. Igual que su ilustre antecesor Zhang Liang (230?-185 a. C.), a quien conocimos en la Primera Parte de este libro, Zhang Daoling era un gran estudioso de la astrología y la numerología. A mitad de su vida ya tenía fama a lo ancho y largo del país por su conocimiento y habilidad, y fue convocado por el emperador para que sirviera en la corte imperial. No obstante, igual que su remoto antepasado Zhang Liang, desoyó esa llamada, y a cambio se adentró en las montañas y los bosques para vivir como un recluso y comulgar con los dioses. Después de muchos años de vagar por toda China, se asentó en el corazón del terreno agreste del Monte Qingcheng, en lo que actualmente es la provincia de Sichuan. Se cree que alcanzó la inmortalidad y, de acuerdo con la leyenda, vivió hasta la edad de 122 años en esta tierra, que «abandonó» en el año 156 d. C. Antes de hacerlo, recibió instrucciones de los dioses celestiales para transcribir las escrituras daoístas y los talismanes que ayudarían y protegerían al pueblo, al que curaría de sus enfermedades.

Muchos siglos después, durante la dinastía Song (1127-1279 d. C.), otro tataratataranieto de la familia Zhang llamado Zhang Sanfeng también se convirtió en un maestro famoso y reverenciado de la religión daoísta. Hasta nuestro presente, los historiadores siguen sin saber cuándo nació Zhang Sanfeng o la fecha de su fallecimiento. Según una historia, nació en 1247 y vivió más de 120 años, es decir, ¡desde la última etapa de la dinastía Song, entrada la Yuan y hasta comienzos de la Ming! Los historiadores creen que en realidad quizá hubiera dos o tres personas de la familia Zhang que usaron el mismo nombre... lo cual explicaría también los muchos e importantes libros daoístas escritos bajo dicho nombre.

Sea como fuere, la leyenda le acredita a Zhang Sanfeng la invención del *taijiquan*, los ejercicios de meditación todavía populares tanto en China como en Occidente (donde quizá sean mejor conocidos como Tai Chi). También se afirma que mantuvo una comunicación especial con los dioses, quienes le dijeron que ayudara a liberar al pueblo de las enfermedades y las dificultades, y que «murió» varias veces, regresando de nuevo para continuar su obra en la Tierra. Sus técnicas para escribir y usar los talismanes daoístas se consideran, junto con el *taijiquan*, su legado más duradero. Tal vez algunos talismanes los incorporaran sus seguidores, pero se cree que casi todos ellos son copia fiel de los originales de Zhang, preservados a lo largo de los siglos en versiones escritas e impresas.

En este libro he proporcionado una muestra representativa de dichos talismanes para

uso de los lectores. Se ha seguido la tradición
caligráfica de los pictogramas originales, aunque todos los talismanes tienen el estilo de
escritura y pincelada del autor. La siguiente es
una lista de los talismanes y una descripción
de su significado y empleo.

1) *Fu invertido*. Técnicamente hablando,
no se trata de un talismán daoísta, sino de un
amuleto corriente de la buena suerte. Aunque
se ha vuelto especialmente popular en tiempos
modernos, el *fu* invertido tiene sus orígenes en
las antiguas prácticas populares chinas de provincia. Este amuleto, que a menudo se ve en
tiendas, casas y restaurantes chinos, es un cuadrado rojo de papel con el carácter chino *fu*
—que significa prosperidad o buena suerte—
escrito de modo invertido en tinta dorada o
negra. Las palabras chinas «invertido» y «arribo» tienen el mismo sonido (*dao*), aunque se
escriben con caracteres diferentes. De esta
manera, un *fu* «invertido» es un retruécano
visual que significa el «arribo» de la buena
suerte y la felicidad al lugar donde se coloque,
por lo general en la entrada principal de un
restaurante, una tienda, una residencia o un
salón. Cerciórese de que está colgado de forma
adecuada con el fin de que le traiga todas las
cosas buenas que desea.

2) *El talismán Yuhuasi («Maestro de la Flor de Jade»)*. Representa la pureza, la paz y la armonía, y se puede colocar en cualquier parte de una habitación, aunque resulta de especial utilidad para ayudar a neutralizar un sector malo.

3) *Una orden de los dioses para expulsar la mala suerte y el desastre*. Se pude colocar en cualquier parte, especialmente en un sector malo.

4) *Talismán de la entrada principal*. Se debería situar en una pared interior junto a la entrada principal, o encima de ella, de una residencia para que la defienda de las malas influencias.

5) *Talismán de puerta*. Se puede colocar en, o cerca de, cualquiera de las puertas interiores de una casa o apartamento para buscar la buena suerte. Es particularmente bueno para las puertas de los dormitorios.

6) *Talismán de cocina*. Éste es para la seguridad y la armonía de la cocina y para evitar las malas influencias. Es un talismán muy popular y se puede colocar junto a un altar para el dios de la cocina, rasgo común en muchas cocinas chinas.

7) *Talismán contra espectros y espíritus*. Este talismán es una orden de los dioses para expulsar a cualquier espectro o espíritu maligno de una habitación por la noche. Es muy popular para los dormitorios de los niños y los jóvenes, y para cualquiera que le tenga miedo a la oscuridad.

8) *Talismán para la seguridad personal y la buena suerte*. Es muy popular para llevar con uno cuando se viaja o se deja la casa durante un periodo de tiempo. Es bueno para todo el mundo, y en especial para los niños.

Un ejercicio final

EN EL TRANSCURSO DE CIENTO CINCUENTA PÁGINAS hemos recorrido mucho camino juntos. Hemos aprendido lo básico sobre el *feng shui*, empezando con una apreciación de su historia y fundamentos teóricos, pasando a dominar los diversos componentes del análisis de las Nueve Estrellas de un espacio y luego explorando la aplicación práctica de una variedad de herramientas, consejos, trucos y talismanes empleados por los maestros del *feng shui*. En esta parte final repasaremos lo que hemos aprendido, usando como modelo el hogar que se da en la *figura 32*.

Las notas proporcionan números de página o de ilustración para un repaso rápido.

Se trata de una casa o apartamento relativamente sencillo de dos dormitorios, con dos cuartos de baño, una cocina y un salón comedor grande. La entrada principal y el salón son las zonas más importantes en esta residencia... y en verdad en todas. Al analizar el *feng shui* de un espacio y determinar cómo trabajar con él, resultan de vital importancia estas zonas principales de actividad humana y la circulación del *qi*. Es desde el centro *qi* de la zona principal de vida desde donde trazamos los ocho sectores de dirección que se emplean en el análisis de las Nueve Estrellas, y de esta manera descubrimos las áreas buenas y malas de toda la morada.

Páginas 41-44.

Una vez localizado el centro *qi* (en este caso, cuando evalúe el espacio recuerde tomar en consideración la zona curva formada por las ventanas frontales), nos situamos allí y utilizamos una brújula para determinar los ocho puntos cardinales (N, S, E, O, NE, SE, NO, SO) que, a su vez, nos proporcionarán los ocho sectores para nuestro análisis de las Nueve Estrellas. Como aprendimos antes, cada sector ocupa 45°, ó 22,5° a cada lado de su eje direccional.

Figura 12, página 72.

Esta lectura de brújula nos indica que la entrada principal a esta residencia se halla en

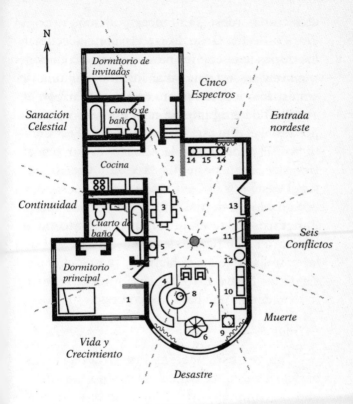

FIGURA 32. *Un modelo de residencia*

1.	Separador de cuarto	9. Cactos grande
2.	Pared enmascaradora	10. TV, Hi-FI, vídeo
3.	Mesa de comedor	11. Cuadro
4.	Sofá	12. Lámpara de pie
5.	Pecera	13. Vitrinas
6.	Árbol con talismán	14. Lámparas
7.	Alfombra de colores cálidos	15. Placa bagua de madera
8.	Amuleto de la buena suerte	

el sector nordeste. Entonces podemos usar el
gráfico de las Ocho Entradas para descubrir
los otros siete sectores para ese espacio en particular y las estrellas que los gobiernan. Los
resultados ya se muestran en la *figura 32*: en el
sentido de las agujas del reloj desde la entrada
nordeste, el este está ocupado por los Seis Conflictos, el sudeste por la Muerte, el sur por el
Desastre, el sudoeste por la Vida y Crecimiento, el oeste por la Continuidad, el noroeste por
la Sanación Celestial y el norte por los Cinco
Espectros. Éste es un buen momento para
repasar el significado de estos sectores y el de
las estrellas que los gobiernan, ya que el análisis de las Nueve Estrellas conforma la base de
todo lo demás que haremos con este espacio.

Páginas 59-64.

Una vez establecidas las características
básicas de esta residencia, pongamos a prueba
nuestra comprensión del *feng shui* basado en el
material que hemos abarcado. Intente contes-
tar usted mismo a las siguientes preguntas;
luego lea las respuestas y, si desea más información, vaya a las páginas del libro o a las
figuras que se indican en las notas al margen.

1)   *La entrada principal de esta morada
está al noroeste. ¿Le proporciona ello un beneficio especial a alguien?*

Sí. La entrada nordeste es particularmente propicia para un muchacho joven o el hijo menor, incluyendo un varón joven cabeza de familia. No será perniciosa para los residentes de otras edades o del sexo opuesto, pero le dará un ímpetu especial a la suerte de cualquier hombre joven lo bastante afortunado como para vivir allí.

Figura 14, página 74.

2)   *¿Está la cocina situada en un buen sector? ¿Qué siente acerca de la posición que ocupa en relación con la entrada principal?*

La cocina está situada en el sector de la Sanación Celestial, lo que establece una asociación muy positiva entre la salud y la nutrición. También está apartada del centro de la casa, lo cual es muy importante. Pero su posición tan cerca de la entrada principal plantea una situación difícil; también se acercan peligrosamente a la alineación sobre el mismo eje, algo que aún es peor. No obstante, aquí se ha aplicado un remedio sencillo pero eficaz: una pared enmascaradora que impide que la cocina quede a la vista directa de la entrada.

Páginas 119-122.

3)   *Evalúe la posición del dormitorio principal. ¿Puede explicar la distribución de los elementos de su interior?*

El dormitorio principal ocupa lo que probablemente es la mejor posición de toda la residencia, con su espacio dividido casi por igual entre los sectores muy positivos de la Vida y Crecimiento y la Continuidad. El emplazamiento de su cuarto de baño también es bueno; no sólo se encuentra en el sector de la Continuidad, sino que se halla en el lado oeste de la casa, un buen sector para todo lo relacionado con el agua. Fíjese que la cama se ha situado lejos de las dos ventanas, en un sector *yin* del cuarto, y que se ha empleado un biombo o separador de cuarto para ocultarla del filo de cuchillo de la puerta de la habitación, que está demasiado cerca para sentirnos cómodos. Sería mejor si la puerta del dormitorio no estuviera enfrente de las ventanas, pero no se alinean directamente sobre el mismo eje, por lo que resulta permisible.

Páginas 45-46, 56, 61-62, 100, 120-123.

4)   *¿Cuál es su análisis del dormitorio de invitados?*

El dormitorio de invitados está dividido entre un sector muy positivo, el de Sanación, y uno difícil, los Cinco Espectros. Sin embargo, la posición de la cama es excelente; se halla por completo dentro del sector de Sanación, en un lado *yin* del cuarto, tapada de la entrada y de su puerta por un vestíbulo pequeño, y no en la línea directa de visión de ninguna de las ventanas. La ubicación del cuarto de baño, con sus asociaciones de agua, en el sector de Sanación y en el lado noroeste de la casa, es otro elemento positivo que ayuda a contrarrestar el difícil sector de los Cinco Espectros que penetra en esa habitación. Los cuartos de baño pueden ayudar literalmente a expulsar las malas influencias. La persona que ocupe ese cuarto estará bien, en especial si es un joven o un hombre, que también recibirá el beneficio adicional de la orientación nordeste de de la entrada principal.

Páginas 45-46, 56-57, 61-62, 129.

5)   *Haga una lectura global de Nueve Estrellas del salón comedor.*

La ubicación de esta zona clave es realmente muy mala. Aunque los sectores de Vida y Crecimiento, Continuidad y Sanación Celestial gobiernan partes de este espacio, el grueso lo ocupa la impía trinidad del Desastre, la Muerte y los Seis Conflictos, la entrada más o menos neutral y los problemáticos Cinco

Espectros. En este salón comedor mal situado pero muy importante, tendremos que emplear nuestro conocimiento e ingenio para contrarrestar estas influencias negativas y lograr la armonía y seguridad máximas para la gente que vive allí.

Páginas 59-64.

6)   Volviendo al plan de suelo dado en la figura 32, estudie con atención la colocación de los muebles y accesorios en el salón comedor. ¿Puede aportar una explicación detallada de la distribución de dichos artículos?

Hay muchas maneras de compensar la influencia del *feng shui* negativo. Las siguientes sólo son sugerencias para este espacio específico; con toda probabilidad usted será capaz de pensar en otras muchas soluciones viables. ¡Use la imaginación! Si se mantiene fiel a los principios del *feng shui* que hemos introducido hasta ahora, le irá bien.

Empecemos con la colocación de las principales piezas de mobiliario. La mesa de comedor del salón está en una ubicación excelente, en su totalidad dentro de la parte del sector de Sanación que penetra en este espacio. El sofá también se halla bien situado, casi todo en el sector de Vida y Crecimiento. Tanto el sofá como la mesita de centro que hay delante de él

4

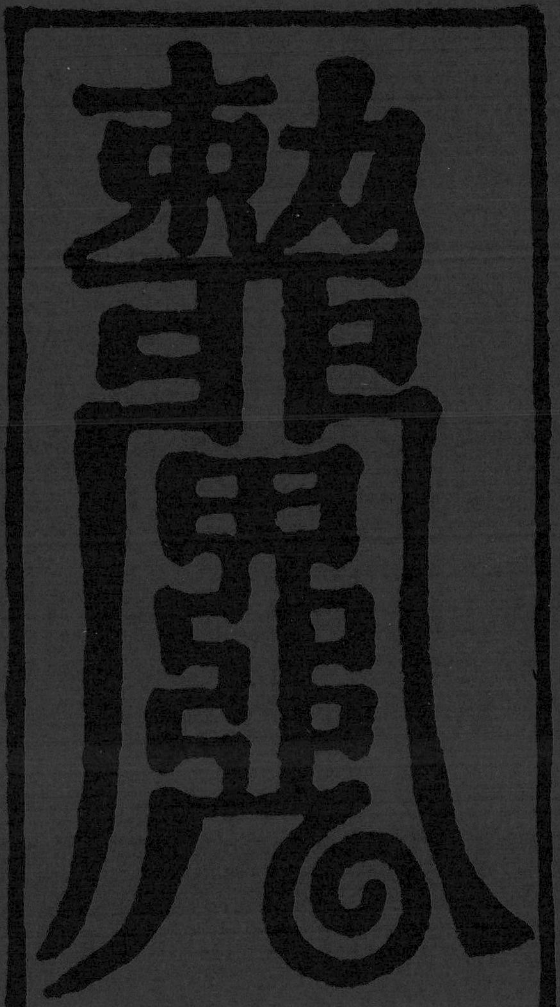

son formas circulares, suaves y redondeadas. Dichas formas son buenas para calmar y equilibrar la potente fuerza *yang* que le da a este espacio la entrada nordeste; asimismo se hallan asociadas con el agua y, por ende, están bien en su emplazamiento a lo largo de la pared oeste del salón comedor. La pecera situada sobre una mesa junto a la pared oeste extiende ese tema acuático y fortalece la pequeña franja del sector de Continuidad que cae en él. También es importante fijarse en que se ha dejado abierto, aireado y desbloqueado el centro *qi* del espacio.

Página 135 y Figura 27.

Páginas 99-100.

Aunque la posición del salón no es extremadamente buena desde el punto de vista del análisis de las Nueve Estrellas, el hecho de que sus ventanas principales den al sur es un toque afortunado de suerte. La luz del sol, el calor y otras cosas positivas asociadas con el Pájaro Rojo del sur ayudarán a compensar o neutralizar algunas de las influencias de los sectores del Desastre y de la Muerte.

Página 54.

La protección se puede potenciar más mediante una maceta con una planta grande o un árbol de interior como pantalla delante de la ventana situada más al sur. El árbol también debería tener un talismán de la buena suerte atado al tronco con cordeles rojos, junto con dos sobres pequeños, cada uno con tres monedas dentro. La potente fuerza vital del árbol, complementada por esas herramientas de la buena suerte, hará mucho para estabilizar las malas influencias que entran en la casa del sector del Desastre.

Páginas 136-141, 146-152.

Hay otros dos objetos cuya intención asimismo es la de modificar las influencias del sector del Desastre. El primero es una alfombra grande de colores. La que se muestra aquí es rectangular, pero una circular de un beige cálido o algún otro color vivo también servirá. Evite bajo todos los conceptos las alfombras de colores fríos en los sectores del Desastre, de la Muerte y de los Seis Conflictos. El segundo objeto es algo para la mesita de centro. Puede ser un amuleto de la buena suerte de su propia elección —alguna estatuilla u otra curiosidad de su preferencia— o un jarrón con flores naturales en agua, para potenciar aún más los temas de agua y crecimiento que ya hemos establecido en esta zona.

Ello nos lleva al sector de la Muerte, la zona más problemática y desafiante. Se halla situada en la esquina sudeste de este espacio en particular, lo que mitiga un poco sus poderosas influencias, pero no lo bastante. Aquí podríamos usar un enfoque de confrontación, colocando un cactos grande para que se yerga como espinoso guardián en la confluencia de los sectores del Desastre y de la Muerte. Otra posibilidad sería emplear una espada de Siete Estrellas o una espada china de monedas. Si desea un enfoque menos militante, podría colocar en su lugar una imagen religiosa del Buda, Cristo o un ángel, o un texto como la Biblia, el Corán o un libro sutra. También se trata de un lugar donde se podría usar con buen efecto una estatua de un dragón, tigre o león. ¡Depende de usted!

Páginas 135-136, 141-144.

El sector de la Muerte es malo para las piezas grandes de mobiliario, en especial aquellas que ocupan personas durante un periodo de tiempo. Pero va bien para armarios, zonas de almacenamiento, estanterías y equipo electrónico. Aquí, en el sector de la Muerte, hemos colocado el televisor, el vídeo y el equipo de música juntos. Fíjese que también hay cortinas en la ventana que sirven como pantalla para las malas influencias que tratan de entrar en la casa desde ese sector.

Páginas 63-64.

Ahora pasamos al sector de los Seis Conflictos. Se trata de un sector incómodo, estabi-
lizado aquí por un cuadro de colores cálidos en
la pared. La lámpara de pie grande situada
cerca de la unión con el sector de la Muerte
también añade luz y calor a la zona, y quizá
podría ser una buena idea dejar una de las
bombillas encendida toda la noche para suavizar este sector problemático. Observe que la
pecera en la pared oeste de enfrente aportará
también alguna ayuda, nutriendo el *qi* de esta
zona y tranquilizando el sector de los Seis Conflictos.

Páginas 112-114, 135.

El sector que contiene la misma entrada es
muy importante en su relación con el centro *qi*
y para determinar toda la matriz de las estrellas de un emplazamiento. También determina
quién derivará un beneficio especial de vivir en
una morada específica, y, como ya hemos
visto, la entrada nordeste de esta morada particular ofrece su mayor beneficio a un muchacho o a un hombre joven. En este sector importante hemos colocado un par de vitrinas justo
al lado de la misma entrada. Encima de la
vitrina debería colocarse un talismán protector
sacado de los que aparecen en este libro.

A ciertas personas también podría gustarles colgar sobre el marco de la puerta una hilera de tres, cinco o siete monedas chinas unidas con cordeles rojos. Las estanterías del medio pueden ser territorio para esculturas pequeñas, estatuillas u otros objetos antiguos de la buena suerte... recuerde, el número es importante. Las estanterías inferiores se pueden utilizar para libros.

Páginas 102-103, 135-137, 142-152.

Por último, llegamos al sector de los Cinco Espectros. Es un sector difícil, y se complica todavía más por una pequeña ventana que da al norte, dominio del Guerrero Oscuro. La pared de enmascaramiento que levantamos para separar la entrada de la cocina abierta también sirve aquí para contener y estabilizar las influencias problemáticas de este sector. La propia ventana debería llevar cortinas, como se muestra en el plan de suelo. Delante de la ventana hemos colocado una mesita con una lámpara en cada extremo y una placa *bagua* de madera en el centro. La lámpara más próxima a la ventana debería mantenerse encendida de noche (puede emplear una bombilla de bajo consumo) con el fin de proteger la zona y expulsar a las fuerzas oscuras.

Páginas 52-53.

Páginas 112-114, 141-142.

Esto concluye nuestro ejercicio final. Ahora usted ya posee una comprensión sólida de los fundamentos del análisis del *feng shui* usando el método de las Nueve Estrellas, y un juego versátil de herramientas para modificar el de cualquier espacio en el que elija trabajar. Las buenas distribuciones del *feng shui* no tienen por qué ser costosas ni complicadas. Recuerde que el secreto del *feng shui*, como el de la misma vida, es la integración equilibrada de las muchas fuerzas —físicas y espirituales— que dan forma a su entorno. Por lo tanto, básese en los sólidos principios introducidos aquí, pero deje también que su buen juicio y su intuición sean sus guías. Ábrase a lo que su entorno le está diciendo, y emplee lo que ha aprendido aquí para crear un espacio para sí mismo que sea todo lo sereno, cómodo y enriquecedor que sea posible. El mundo resulta un lugar menos amenazador con un hogar feliz y bien equilibrado en su centro. Y a veces, cambiar los muebles de lugar *puede* cambiar su vida.

Fuentes

Textos en inglés

Abell, George: *Exploration of the Universe*. Nueva York, Holt, Rhinehart, and Winston, 1969.

Bergland, Lars: *The Secrets of Luo Shu*. Lund, Suecia: Lund University, 1990.

Burkhardt, V.R: *Chinese Creeds and Customs*, 3 vols. Hong Kong, 1958.

Cheng, Te-kun: «*Yin-yang* Wu-hsiang in Han Art», *Harvard Journal of Asiatic Studies* (20), 1957.

Fung, Yu-lan: *A History of Chinese Philosophy*, 2 vols. Princeton University Press, 1952-53.

Hatchett, Clint: *The Glow in the Dark Night Sky*. Nueva York, Random House, 1988.

Ho, Peng Yoke: «Li, *Qi*, and Shu: Magic Squares in East and West», *Papers on Far Eastern History* (8). Canberra, Australia, 1973.

Lip, Evelyn: *Feng Shui for the Home*. Torrance, California, Heian International, 1990.

Major, John S: «The Five Phases, Magic Squares, and Schematic Cosmology», en Henry Rosemont, Jr., ed., *Explorations in Early Chinese Cosmology*. Adanta, The Scholars Press, 1984.

Merton, Merlina: *Feng Shui for Better Living*. Manila, Mervera, 1993.

Needham, Joseph: *Science and Civilization in China*, vols. 3 y 4. Cambridge University Press, 1959.

Walters, Derek: *Feng Shui Handbook*. San Francisco, Aquarian, 1991.

Rossbach, Sarah: *Living Color: Master Lin Yun's Guide to feng shui and the Art of Color*. Nueva York, Kodansha International, 1994.

Williams, C.A.S: *Chinese Symbolism and Art Motives*. Nueva York, The Julian Press, 1960.

Textos Chinos

Bai Yunshenren: *Dili fengshui jingyao* (Important Things in Geography and feng shui). Hong Kong, Da De, n.d.

Cai Yaoju: *Jili damende fangxiang* (Orientations for Lucky Entrances and Doorways). Taiwan, Yuk Zhi, n.d.

Chang Xiafuzi: *Yangzhai jicheng* (A Compilation on *Yang* Residences). Taipei, Wen Yuan Publishing, 1993.

Chen Lifu y Zhou Dingheng. *Zhouyi yingyongzhi yanjiushu* (Research on Applications of the *Yijing*), vol. I. Taiwan, Chunghua, 1981.

Chen, Yongzheng: *Zhongguo fangshu dazidian* (Dictionary of Chinese Daoism). Guangdong, Zhongshan University Press / Xinhua Publishing, 1991.

Dao Zang: *Dao zang* (Daoist Treasures), 1487. Reprint, Taiwan, Yi Wen *Yin* Shu Guan, 1977.

Fang Chaoxuan: *Shilai fengshui jinji* (Forbidden Practices in Interior *feng shui*). Hong Kong, Qin Shi Yuan Publishing, 1994.

Huang Xiumin y Zhang Li: *Zhongguo shi daming dao* (The Ten Most Famous Daoist Priests in China). Jilin, Yanbian University Press / Xinhua Publishing, 1992.

Jiang Kanwen: *Xiandai jinzhu yu fengshui* (Contemporary Architecture and *feng shui*). Hong Kong, Qin Shi Yuan Publishing, 1993.

Lai, Zhide: *Yijing laizhu tujie* (The *Yijing* with Master Lai's Annotations and Illustrations), 1602. Reprint, Sichuan: Sichuan Book Company, 1988.

Wang Yude: *Gudai fengshui shuzhuping* (Annotated Study and Criticism on Ancient *feng shui*). Beijing, Beijing Teacher's College Press, 1992.

Wuguitang tongshu (Wuguitang Chinese Almanac). Cantón, 1890.

Xu Xiang: *Fengshui rumen* (*feng shui* for Beginners). Hong Kong, Changjiang Publishing, n.d.

Yang Yifang: *Fengshui gejue* (Songs of *feng shui*). Hong Kong, Kuai Ze, n.d.

Yun Gizi: *Dili longxue panduan* (Locating Geographical Dragons and Meridians). Macao, New Enterprise Publishing, n.d..

Zhao Jinfeng: *Dili wujue* (The Five Songs of Geography), 1786. Reimpresión, Hong Kong, Chilin Publishing, n.d.

Zhao Jinxing: *Yinyang zhai daquan* (Complete Work on Yin-Yang Residences). Henan, Zhengzhou Antique Books Press, 1995.

Acerca del autor

K WAN LAU, que nació y se crió en Hong
Kong, es descendiente de un antiguo lina-
je de expertos en adivinación y *feng shui*. Estu-
dió arquitectura en los Estados Unidos, y tiene
estudios superiores en acústica arquitectónica.
También es un budista ordenado no seglar, un
experto en literatura, historia y arte chinos clásico y moderno, y un conocedor de las antigüe-
dades chinas. Es autor de *The Secrets of Chinese Astrology* y *The I Ching Tarot*, y en la actualidad vive en la ciudad de Nueva York, dedicado
a la escritura y el arte.

COLECCIÓN ENTER

COLECCIÓN IMPROVE